ADAC

Norwegen

von Christian Nowak

10 **ADAC Top Tipps**

Das müssen Sie gesehen haben! Die zehn Top Tipps bringen Sie zu den absoluten Highlights.

25 **ADAC Empfehlungen**

Unterwegs gut beraten: Diese 25 ausgesuchten Empfehlungen machen Ihren Urlaub perfekt.

Preise für ein DZ mit Frühstück:
€ | bis 1500 NOK (144 €)
€€ | bis 2500 NOK (240 €)
€€€ | ab 2500 NOK (240 €)

Preise für ein Hauptgericht:
€ | bis 200 NOK (19 €)
€€ | bis 300 NOK (29 €)
€€€ | ab 300 NOK (29 €)

3-mal draußen

1 Ekebergparken

Südöstlich vom Osloer Zentrum erstreckt sich der Ekeberg auf einem Plateau über dem Fjord. In dem Park befinden sich mehr als 40 Skulpturen von bekannten Künstlern wie Dalí, Rodin, Vigeland oder Renoir. Wahrscheinlich hat Edvard Munch, als er sein berühmtestes Bild »Der Schrei« malte, die Aussicht vom Ekeberg im Kopf gehabt. Die Silhouette von Oslo hat sich zwar durch viele Neubauten verändert, mit ein wenig Fantasie kann man aber erkennen, wo Munch einst gestanden hat.

■ www.ekebergparken.com

2 Das Loch im Berg

Durch postglaziale Landhebung und Erosion hat sich im Torghatten bei Brønnøysund (S. 101), ein Loch gebildet: 35 m hoch, bis zu 20 m breit und gut 100 m über dem Meeresspiegel. Viele Mythen und Legenden ranken sich um den Berg. Ein rund 6 km langer Wanderweg führt um den Fuß des Berges, wobei man von Süden das Loch besonders gut erkennt. Man kann aber auch in rund einer halben Stunde zum Loch hinaufsteigen, hindurchlaufen und den Blick von oben genießen.

■ www.visitnorway.de/listings/torghatten-mountain-walk/192504

3 Der Kopf

Im Rahmen des Kunstprojektes Skulpturenlandschaft Nordland wurden 35 Werke von 35 internationalen Künstlern im Nordland verwirklicht. Eines ist »Hode«, der Kopf, des Schweizer Künstlers Markus Raetz auf der Lofoteninsel Vestvågøy (S. 103) bei dem kleinen Ort Eggum. Nach einem kurzen Spaziergang sieht man den Metallkopf auf einer Granitsäule vor imposanter Bergkulisse nicht weit vom Meer. Umrundet man den Kopf, wird man überrascht sein, dass sich der Anblick fortwährend ändert, insgesamt sollen es 16 verschiedene Ansichten sein, behauptet der Künstler.

■ www.visitnorway.de/listings/skulpturlandschaft-nordland-vestvågøy/125867

Intro

ADAC Quickfinder

Hier finden Sie die Orte, Sehenswürdigkeiten und Attraktionen, die perfekt zu Ihnen passen.

Unterwegs

Service

Alle wichtigen reisepraktischen Informationen – von der Anreise über Notrufnummern bis hin zu den Zollbestimmungen.

Zu diesen Orten und Sehenswürdigkeiten finden Sie Detailkarten im Innenteil des Reiseführers.

Umschlag:

ADAC Top Tipps: Vordere Umschlagklappe, innen 1
ADAC Empfehlungen: Hintere Umschlagklappe, innen 2

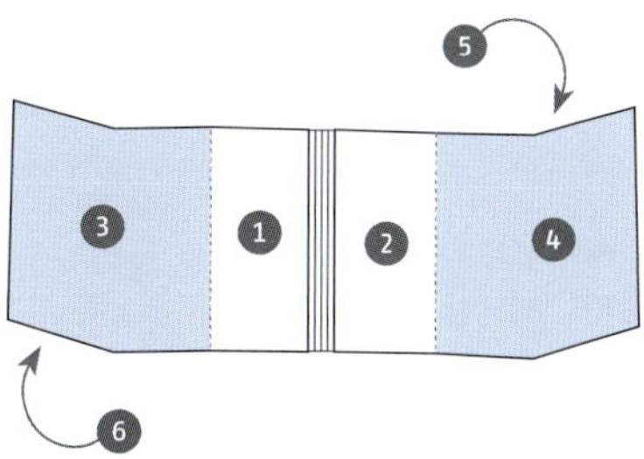

Übersichtskarte Norwegen Süd: Vordere Umschlagklappe, innen 3
Übersichtskarte Norwegen Nord: Hintere Umschlagklappe, innen 4
Stadtplan Oslo: Hintere Umschlagklappe, außen 5
Ein Tag in Oslo: Vordere Umschlagklappe, außen 6

Im Licht des Nordens: von den Schären zum Eismeer

Vielfältig wie kaum ein anderes Land in Europa, reicht Norwegen von den sonnigen Schären im Süden bis zum arktischen Nordkap

Eines der Highlights einer Norwegen-Reise: Blick vom Preikestolen auf den Lysefjord

Entlang der Südküste grüßen kleine Fischerorte mit strahlend weißen Holzhäusern, sie sind die Perlen der norwegischen Riviera: manchmal mondän, dann wieder verschlafen, mal gemütlich und doch immer voller sommerlicher Urlaubsstimmung. Im Gewirr der Schären, wo sich Land und Meer tausendfach verzahnen, verstecken sich Traumplätze, hier braucht es ein Boot, um die grenzenlose Freiheit zu erleben. Wenn die Sonne von einem tiefblauen Himmel scheint, wartet hier ein fast mediterranes Badevergnügen.

Die Finger des Meeres

Bis zu 200 Kilometer reichen die Fjorde Westnorwegens an einigen Stellen ins Landesinnere und verästeln sich dabei in viele kleine Arme. Eingerahmt werden sie oft von bis zu 1000 Meter hohen, fast senkrechten Felswänden. Wenn auf den Gipfeln noch der Schnee des Winters glitzert, blühen im Frühsommer rund um den Hardangerfjord schon die Obstbäume, und auch die Wiesen zeigen sich in saftigem Grün.

Einen Eindruck von der Mächtigkeit, aber auch der Schönheit von Gletschern vermittelt der Jostedalsbre, der

größte Gletscher des Landes. Von seinem Plateau schieben sich rund zwei Dutzend Zungen zu Tal. Das von Spalten durchzogene blaue Eis fließt wie in extremer Zeitlupe unmerklich, aber unaufhaltsam. An diesen Gletscherzungen zeigt sich der globale Klimawandel besonders deutlich, noch vor wenigen Jahren reichten viele bis ins Tal, heute haben sie sich oft viele hundert Meter zurückgezogen.

Unterwegs auf kahlem Fjell

Vom Jostedalsbre ist es nicht weit bis zu den schönsten Fjelllandschaften und beliebtesten Nationalparks Norwegens. In Jotunheimen, der »Heimat der Riesen«, liegen die höchsten Berge Skandinaviens. Das wenig erschlossene Reinheimen zählt noch zu den Geheimtipps, ins Dovrefjell locken die Moschusochsen, und im Rondane kann man leicht einige der 2000er-Gipfel besteigen. Das gebirgige Herz Norwegens ist ein Eldorado für Wanderer. Natürlich kommen die meisten im Sommer, doch auch der Herbst hat seinen Reiz, denn dann explodiert in-

Köstliches aus dem Meer: »graved laks«, roher Lachs mit Dill (unten) – Altstadt von Stavanger (ganz unten)

nerhalb weniger Tage die Vegetation in einem Farbenrausch. Doch schon bald sind die Berge mit feinem Pulverschnee bedeckt, und die tief stehende Sonne verwandelt die kurzen Tage in eine endlose Abfolge von Sonnenauf- und -untergängen. Jetzt zieht es die Norweger mit Langlaufskiern ins Gebirge.

> *»Sehnsucht nach Licht ist des Lebens Gebot.«*
>
> *Henrik Ibsen*

Im Land der Mitternachtssonne

Nördlich von Trondheim werden die Abstände zwischen den Städten größer. Eilige fahren auf der E 6 gen Norden und zum Nordkap, wer Zeit hat, nimmt die Küstenstraße und lässt sich das Reisetempo vom Rhythmus der Fähren und den teils engen, kurvigen Straßen diktieren. Als Belohnung warten entlang der wilden Helgelandsküste Ausblicke auf ungewöhnliche Berge wie den durchlöcherten Torghatten oder die magischen »Sieben Schwestern«.

Wie eine Fata Morgana taucht die Bergkette der Lofoten mit ihren bis zu 1000 Meter hohen Gipfeln unvermittelt aus dem Meer jenseits des Vestfjords auf. Aus der Nähe wirkt die Inselwelt wie aus dem Märchen: bizarre Berge, dunkel drohend oder mit sanftem Grün überzogen, aber auch weiße Sandstrände vor türkisfarbenem Meer von karibischer Schönheit. Malerische Fischerdörfer mit roten »rorbuer« – Fischerhütten, die auf hölzernen Pfählen im Wasser stehen – und Häfen, in denen Fischerboote friedlich schaukeln, bieten Postkartenmotive. Ein paar Meilen vor der Küste haben Pottwale, die Riesen der Meere, ihre Jagdgründe.

Wahrzeichen und Architekturikone: den Norske Opera, das Osloer Opernhaus

Zum nördlichsten Punkt

Für viele ist es ein Traum: einmal am Nordkap stehen und die Mitternachtssonne über dem Eismeer erleben. Was macht die Faszination dieses 300 Meter hohen Felsplateaus aus? Ist es der Wunsch, am nördlichsten Punkt Europas zu stehen? Dann müsste man zu Fuß zur Knivskjellodden laufen, denn die Halbinsel neben dem Nordkap ragt ein Stück weiter ins Eismeer hinaus. Das Nordkap ist aber auch ein Ort der Anachronismen. Der Besuch ist längst kein stilles Naturerlebnis mehr, der Massentourismus hat es vereinnahmt.

Ein Land mit vielen Gesichtern

Die Natur ist überwältigend, doch es gibt auch ein anderes, ein urbanes Norwegen. In Oslo, Stavanger, Bergen oder Trondheim kann man ganze Tage in hochkarätigen Museen verbringen, kann hervorragend essen und ausgelassen feiern. Vor allem an Wochenenden kann man erleben, wie ausdauernd die Nordländer beim Feiern sind. Viel Geld ist in die Modernisierung der Stadt geflossen. Besonders in Fjordnähe hat sich Oslo stark verändert, Neubauten wie Opernhaus, Munch-Museum, Deichmannsche Bibliothek, Nationalmuseum und Astrup Fearnley Museum prägen das junge Gesicht der norwegischen Hauptstadt.

Es gibt viele Möglichkeiten, sich mit dem Norwegen-Virus anzustecken, der zur Folge hat, dass man immer wieder in Richtung Norden aufbricht. Es ist die Sehnsucht nach Weite, kargen Hochebenen und endlosen Wäldern. Vergessen sind dann die Regentage mit bleiern grauem Himmel, die auch im Sommer nicht ausbleiben. Im Gedächtnis bleiben die hellen Nächte mit dem sanften Licht der Mitternachtssonne.

Hauptstadt *Oslo (709 000, Großraum ca. 1,5 Mio. Einw.)*

Sprachen *Norwegisch (Bokmål und Nynorsk) sowie Samisch (vor allem in Nordnorwegen)*

Währung *Norwegische Krone NOK (1 € ca. 11,69 NOK)*

Staatsform *Erbliche konstitutionelle Monarchie, König Harald V.*

Fläche *385.207 km² (geringfügig größer als Deutschland)*

Einwohner *5,5 Mio.*

Religion *Überwiegend ev.-luth. Staatskirche*

Wirtschaft *Wichtige Exportartikel sind Fisch und Meeresfrüchte, Erdöl und Ergas. 95 % des eigenen Elektrizitätsbedarfs werden aus Wasserkraft gedeckt.*

Wichtigste Vokabel *Takk – Danke! Denn Norweger bedanken sich immer wieder für alles und jedes.*

Der berühmteste Osloer *Die Bronzestatue des kleinen Trotzkopfs im Vigelandpark kennt jeder Osloer, vielleicht sogar jeder Norweger.*

Darin sind die Norweger Weltmeister *Ganz klar im Wintersport, speziell im Skilanglauf. Bei Olympischen Winterspielen zählt das kleine Norwegen zu den erfolgreichsten Medaillensammlern.*

Das will ich erleben

So lang wie das Land, so vielfältig sind auch seine Höhepunkte. Natürlich lockt die Natur nach Norwegen, die hier so grandios ist wie sonst kaum in Europa. Doch nicht nur Fjorde und Fjells, Berge und Wasserfälle, das Nordkap und das Eismeer, sondern auch die Städte sollten auf dem Besucherprogramm stehen. Denn Oslo, Bergen, Trondheim und Stavanger bieten eine Vielzahl an urbanen und kulturellen Highlights. Spuren der langen Geschichte begegnet man auf Schritt und Tritt, einmalig sind die mittelalterlichen Stabkirchen, rätselhaft die stein- und bronzezeitlichen Felszritzungen.

Die besten Museen

Allein in der Hauptstadt Oslo gibt es rund 50 Museen zu allen möglichen Themen. Die anderen großen Städte können mit einem ähnlichen Angebot aufwarten. Besonders typisch für Norwegen sind die Freilichtmuseen, in denen die bäuerliche Kultur bewahrt wird.

Die schönsten Naturerlebnisse

Norwegens Natur ist atemberaubend. Wasserfälle, Fjorde, Vogelfelsen, Gletscher, Gebirge und Täler warten überall darauf, erkundet zu werden. Am besten zu Fuß, mit Rad oder Boot, denn nur so hat man ausreichend Muße für besonders intensive Erlebnisse.

Typisch norwegisch Shoppen

Was ist typisch norwegisch? Natürlich der Pullover aus dicker Wolle mit dem charakteristischen Muster, ideal für kalte Wintertage. Immer eine gute Wahl sind die landesweit rund 40 Husfliden-Läden, die Produkte von mehr als 20 000 Kunsthandwerkern verkaufen.

Gaumenschmaus mit Aussicht

Egal, ob nur Kaffee, Kuchen und Waffeln oder norwegische Hausmannskost, eigentlich wird das Essen an diesen Orten zur Nebensache. Denn beim Blick von der Terrasse oder aus dem Fenster kann das staunende Auge in die Ferne schweifen.

Die schönsten Stabkirchen

Nur noch einige Dutzend von einst rund 1000 Stabkirchen sind als einzigartige Dokumente mittelalterlicher Baukunst erhalten geblieben. Mit ihren Schnitzereien, Runeninschriften und Wandmalereien geben sie Einblicke in die Zeit des noch jungen Christentums in Norwegen.

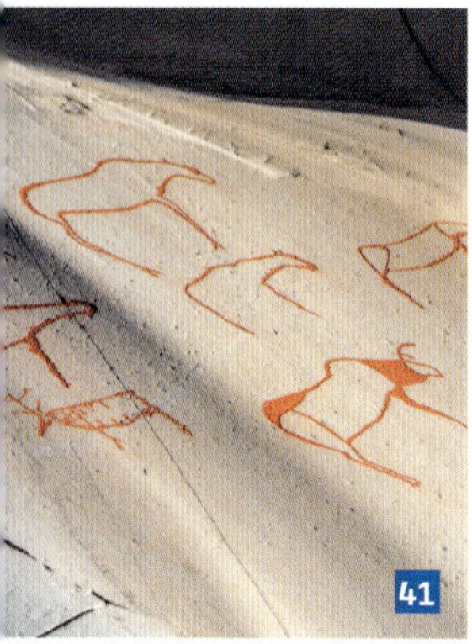

Die bewegte Geschichte Norwegens

Zeugnisse der langen Siedlungsgeschichte findet man allerorts: von den rätselhaften Felsritzungen der Stein- und Bronzezeit über Schiffe und Höfe der Wikinger bis hin zu mittelalterlichen Kirchen. Die jüngere Vergangenheit dokumentieren die zahlreichen Freilichtmuseen.

Die gemütlichsten Kneipen

Norwegen ist nicht gerade bekannt für seine Pubkultur, aber es gibt Ausnahmen und Oasen der Gemütlichkeit, in die auch die Einheimischen gerne auf ein Bier einkehren. Ein Wermutstropfen bleibt allerdings: Auch hier ist das Bier unverschämt teuer.

Die besten Sporterlebnisse

Die meisten Norweger sind begeisterte Anhänger von »friluftsliv«, also von vielerlei Aktivitäten in der Natur. Eigentlich nicht überraschend, denn die Möglichkeiten sind schlichtweg unbegrenzt. Dabei spielt die Jahreszeit überhaupt keine Rolle.

Traditionelle Holzarchitektur

Regelmäßig wurden ganze Stadtteile wegen der viel zu dichten Bebauung mit Holzhäusern durch Feuer zerstört. Heute werden diese Holzhausviertel liebevoll saniert und zählen zu den beliebtesten Wohnlagen.

Atemberaubende Autorouten

Im Fjordland und im Gebirge gibt es wahre Meisterwerke des Straßenbaus. Gebirgspässe, die im Frühsommer noch von meterhohen Schneewehen eingerahmt werden, und Serpentinenstraßen, die passionierte Auto- und Motorradfahrer schwärmen lassen.

Familienspaß

Wenn Fjorde, Fjells und Nordkap besucht sind, dürfen auch die Kinder nicht zu kurz kommen. Für sie bietet Norwegen eine Fülle an Attraktionen, denn Norwegen möchte auch die kleinen Urlaubsgäste zufriedenstellen.

Unterwegs

Die Lofoteninsel Moskenesøy ist nur eine der vielen spektakulären Stationen, an denen der Reisende auf seinem Weg von Norwegens Südküste bis zum Nordkap haltmachen sollte.

Oslo und der Süden des Landes

Von der Hauptstadt am Fjord über das Hügelland und die Wälder der Telemark zu den sonnenverwöhnten Südküstenstädten

In diesem Kapitel:

Schöner als Oslo kann eine Hauptstadt kaum liegen: Am Ende des Fjords bilden die Häuser ein Amphitheater, an das sich das Grün der Oslomark anschließt. Entlang der Ostseite des Fjords erinnern Festungen an die nicht immer friedliche Nachbarschaft zu Schweden. Auf der anderen Fjordseite liegen lebendige Orte wie Åsgårdstrand, Tønsberg, Sandefjord und Larvik. Von hier ist es nicht weit zu den typischen Küstenstädten des Südens. Die Sandstrände und Schären sind das Badeparadies Norwegens, eine sonnenverwöhnte Sommeridylle, wie sie so weit im Norden nur wenige vermuten würden. Doch der Süden hat mehr als Sonne, Strand und Schären zu bieten, denn von den malerischen Küstenorten ist es nicht weit in die Provinz Telemark mit ihrem sanft gewellten Hügelland und den dichten Wäldern.

ADAC Top Tipps:

1 **Bygdøy, Oslo**
| Museumsinsel |

Nur wenige Minuten vom Stadtzentrum entfernt warten auf der grünen Insel einige der wichtigsten Museen der Hauptstadt, etwa das Norsk Folkemuseum oder das Kon-Tiki Museet. Nach dem Besuch kann man am Fjord sitzen und Schiffe gucken. 27

ADAC Empfehlungen:

1 **Nasjonalmuseet, Oslo**
| Museum |

Das neu erbaute Museum präsentiert in einer Dauerausstellung mit rund 5000 Objekten Kunst, Architektur und Design von den Anfängen bis in die Gegenwart unter einem Dach. 22

2 **Den Norske Opera og Ballett, Oslo**
| Opernhaus |
Eines der Wahrzeichen der Stadt aus weißem Marmor liegt direkt am Fjord und ist im wahrsten Sinne des Wortes ein begehbares Kunstwerk. 23

3 **Munch-Museet, Oslo**
| Museum |
Dem Wegbereiter des Expressionismus, Edvard Munch, ist in Oslo ein ganzes Museum gewidmet. 24

4 **Karl Johans gate, Oslo**
| Flaniermeile |
Die klassische Osloer Flaniermeile hat zwar mittlerweile Konkurrenz bekommen, aber nichts von ihrer Anziehungskraft verloren. 25

5 **Vigelandsparken, Oslo**
| Skulpturengarten |
Der »Monolith,« das »Rad des Lebens« und der »Trotzkopf« sind die bekanntesten der mehr als 200 Skulpturen im Osloer Vigelandspark. 29

6 **Heddal stavkyrkje, Telemark**
| Stabkirche |
Die »gotische Kathedrale aus Holz« ist die größte der erhalten gebliebenen Stabkirchen. 37

7 **Telemark-Kanal**
| Schifffahrt |
Der Kanal führt von der Schärenküste am Skagerrak bis zur Hardangervidda durch die Wälder der Telemark. 38

8 **Risør**
| Stadtbild |
Viele Südküstenstädte beeindrucken mit ihren strahlend weißen Holzhäusern. Besonders schön ist Risør. 40

1 Oslo

Hauptstadt am Oslofjord mit tausendjähriger Geschichte

Architektonischer Akzent am Osloer Hafen ist das monumentale Rathaus (Rådhus)

Information

- Oslo Turistinformasjon, Østbanehallen (neben dem Hauptbahnhof), 0154 Oslo, Tel. 23 10 62 00, www.visitoslo.com
- Parken siehe S. 26 und 29

Kaum eine europäische Großstadt kann mit solch einer grandiosen Lage wie Oslo punkten. Wie ein Amphitheater schmiegt sich die norwegische Hauptstadt um das Ende des Oslofjords, bis sich die letzten Häuser in den Wäldern der Oslomark verlieren. Eingebettet in diesen grünen Gürtel um die Hauptstadt liegen rund 300 Seen, von denen viele zum Baden einladen. Mittlerweile leben etwa 709 000 Menschen in der Stadt, Tendenz steigend, im Großraum Oslo sind es rund 1,5 Mio., also fast ein Drittel der Bevölkerung Norwegens.

Lange Zeit glaubte man, dass einer der letzten Wikingerkönige, Harald Hardråde, Oslo im Jahr 1048 gegründet hat. Neuere Ausgrabungen ließen aber vermuten, dass eine Siedlung schon um das Jahr 1000 existierte. Dies führte dazu, dass man im Jahr 2000 das 1000-jährige Stadtjubiläum feierte, obwohl 1950 erst das 900-jährige Jubiläum begangen wurde.

Im Laufe ihrer Geschichte hat die Stadt mehrfach ihren Namen geändert: Die

Plan S. 20/21

erste Ansiedlung am Fjord hieß Aslo, was so viel wie »Ebene der Götter« bedeutet. Als das Dorf zur Stadt heranwuchs, nannte es sich Oslo, bis der Dänenkönig Christian IV. die Stadt nach dem Großbrand von 1624 in Christiania umtaufte – ab 1877 Kristiania geschrieben. Erst 1925 erhielt Oslo wieder seinen alten Namen.

Schon lange verlässt sich Oslo nicht mehr nur auf seine einmalige Lage, so wurden kulturelle Großprojekte und eine Rundumerneuerung der Stadt angestoßen. Das Projekt Fjordbyen – Stadt am Fjord – ist das größte städtebauliche Konzept, seit König Christian IV. Anfang des 17. Jh. Oslo nach einem verheerenden Brand hinter der Festung Akershus neu errichten ließ. Weit ist die Neugestaltung des Fjordufers im Stadtteil Bjørvika schon fortgeschritten, das beste Beispiel ist die Oper.

Oslos Zentrum

Flaniermeilen, Restaurants, Museen und die wichtigsten Sehenswürdigkeiten

Trutzig ragt die mittelalterliche Festung Akershus in den Fjord, flankiert von der Flaniermeile Aker Brygge und der modernen Oper. Schlendert man noch über die nahe Karl Johans gate, hat man schon viele der wichtigsten Sehenswürdigkeiten der Stadt gesehen. Und bekommt einen guten Eindruck davon, wo im Sommer das Herz der norwegischen Hauptstadt schlägt.

Sehenswert

1 Rådhus

| Architektur |

Unübersehbar erhebt sich der rotbraune Klinkerbau mit seinen beiden gut 60 m hohen Türmen an prominenter Stelle am Hafenbecken Pipervika. Der Bau wurde anlässlich des 900-jährigen Stadtjubiläums im Jahr 1950 eingeweiht und war damals nicht unumstritten, heute zählt er zu den Wahrzeichen Oslos. Hinter den schmucklosen Mauern schlägt nicht nur das administrative Herz der Stadt, hier verbirgt sich auch ein sehenswertes Interieur, an dem bekannte norwegische Künstler mitgewirkt haben. Besonders imposant ist das Monumentalgemälde in der Eingangshalle von Henrik Sørensen. All-

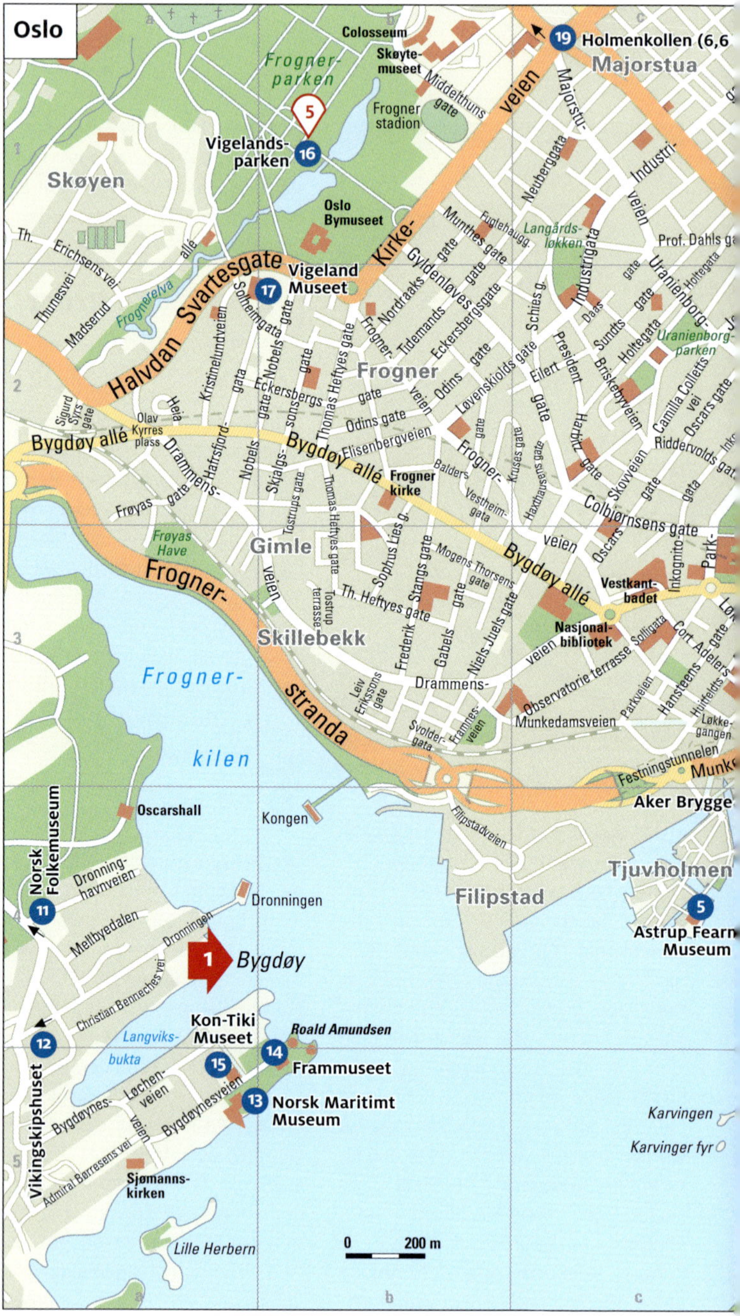
Oslo
Colosseum
Skøyte-
museet
Frogner-
parken
Frogner
stadion
Middelthuns
gate
Holmenkollen (6,6
Majorstua
Vigelands-
parken
Skøyen
Oslo
Bymuseet
Majorstu-
Industri-
veien
Neuberggata
Langårds-
løkken
Industrigata
Prof. Dahls ga
Th. Erichsens vei
Thunesvei
Madserud
allé
Frognerelva
Halvdan Svartesgate
Vigeland
Museet
Kirke-
veien
Munthes gate
Fuglehaugg.
Gyldenløves gate
Nordraaks gate
Tidemands gate
Eckersbergs gate
Schies g.
Uranienborg-
veien
Uranienborg-
parken
Holtegata
Sundts gate
Briskebyveien
Camilla Colletts vei
Oscars gate
Frogner
Sigurd Syrs gate
Olav Kyrres plass
Bygdøy allé
Heia
Kristinelundveien
Soheimgata
Nobels gate
Eckersbergs gate
Thomas Heftyes gate
Odins gate
Frogner-
veien
Løvenskiolds gate
Eilert
President
Harbitz gate
Riddervolds gate
Drammens-
Hafrsfjord-
gata
Skjalgs-
sons-
gate
Elisenbergveien
Balders
Frogner-
kirke
Kruses gate
Haxthausens gate
Skovveien
Colbjørnsens gate
Frøyas gate
Frøyas Have
Tostrups gate
Thomas Heftyes gate
Vestheim-
gata
Inkognito-
gata
Park-
Gimle
veien
Sophus Lies g.
Mogens Thorsens gate
Bygdøy allé
Vestkant-
badet
Frogner-
Th. Heftyes gate
Tostrup terrasse
Stangs gate
Frederik
Gabels gate
Niels Juels gate
Nasjonal-
bibliotek
Solligata
Cort Adelers gate
Skillebekk
veien
Observatorie terrasse
Frogner-
stranda
Leiv Erikssons gate
Drammens-
Svolder-
gata
Framnes-
veien
Munkedamsveien
Parkveien
Hansteens
Huitfeldts
Løkke-
gangen
kilen
Festningstunnelen
Munk
Aker Brygge
Oscarshall
Kongen
Filipstadveien
Norsk
Folkemuseum
Dronning-
havnveien
Tjuvholmen
Filipstad
Dronningen
Astrup Fearn
Museum
Mellbyedalen
Dronningen
Bygdøy
Christian Benneches vei
Kon-Tiki
Museet
Roald Amundsen
Langviks-
bukta
Frammuseet
Vikingskipshuset
Bygdøynes-
Løchen-
veien
Bygdøynesveien
Norsk Maritimt
Museum
Karvingen
Karvinger fyr
Admiral Børresens vei
Sjømanns-
kirken
Lille Herbern
0 200 m

Stens-parken
Fagerborg k.
Pilestredet
Louises gate
Hegdehaugen
Bislett stadion
Bislett
Ullevålsveien
Waldemar Thranes gate
Gamle Aker Kirke
Akersbakken
Telthusbakken
Akersveien
Vår Frelsers Gravlund
Dalsberg-stien
Oscars gate
Gustavs gate
Parkveien
Welhavens gate
Hegdehaugsveien
Stensberggata
Hallings gate
Frimanns gate
Wessels gate
Vor Frue Hospital
Nordahl Bruns gate
St. Olavs gate
Thor Olsens gate
Fredensborgveien
Idunsgate
Maridalsveien
Akerselva
Møllerveien
Nedre gate
Øvre gate
Markveien
Sannergata
Seilduksgata
Grünerløkka
18
Helgesens gate
Marselis gate
Fossveien
Grüners gate
Sofienberggata
Pop-senteret
DogA
Torggata
Hausmanns gate
Møllergata
Østergate
Storgata
Wergelandsv.
Slottsparken
Historisk Museum
Det Kongelige Slott
Dronningparken
Dronning Sonja KunstStall
Henrik Ibsens gate
Ibsen-museet
Nasjonal-galleriet
Deichmanske bibliotek
Kristian Augusts gate
Frederiks gate
Krist. IV's gate
Karl Johans g.
Stortingsgata
Grubbegata
Møllergata
Grensen
Domkirke
Biskop G. gate
Basarhallene
Stenersgata
Grønland
Post-terminalen
Hauptbahnhof
Brugata
Calmeyers gate
Maridalsveien
Nylandsveien
Klingenbergg.
Fridtjof Nansens pl.
Tordenskiolds g.
Rosenkrantz gate
Dronning Mauds g.
Nasjonal-museet
Rådhus
Rådhusgata
Nobels Fredssenter
Aker Brygge
Arkitekturmuseet
Kvadraturen
Nedre Vollgate
Tollbugata
Øvre Slottsgate
Kongens gate
Kirkegata
Prinsens gate
Akersgata
Skippergata
Dronningensgate
Strandgata
Småflaske-museet
Opergata
Den Norske Opera og Ballett
Havnelageret
Bjørvikatunnelen
Bjørvika
Bispevika
Munch-Museet
Hjemmefront-museet
Pipervika
Festningstunnelen
Akershus Festning og Slott
Forsvars-museet
Prinsessens plass
Akershusstranda
Revierkaia
Revierstredet
Sørenga
Grønlia
Lohavn
Oslofjorden
Hovedøya
Ekebergparken Museum
Ekeberg Helleristninger

jährlich am Todestag Alfred Nobels, dem 10. Dezember, wird im Prunksaal der Friedensnobelpreis verliehen.

■ Fridtjof Nansens plass, www.oslo.kommune.no/oslo-city-hall, tgl. 9–16 Uhr, Eintritt frei

2 Nobels Fredssenter

| Museum |

Der 1872 erbaute Vestbanestasjon (Westbahnhof), der sich am Rathausplatz gegenüber dem Rathaus befindet, hat seine Funktion als Bahnhof zugunsten des Nobel-Friedenszentrums aufgegeben. Hier wird die Geschichte Alfred Nobels und aller Nobelpreisträger dokumentiert. Sonderausstellungen beleuchten Friedensbemühungen, aber auch Konfliktherde in aller Welt.

Im Blickpunkt

Für Frieden und Völkerverständigung

Den Friedensnobelpreis vergibt das Norwegische Nobelkomitee, das aus fünf Mitgliedern besteht, die vom Norwegischen Parlament entsprechend seiner politischen Zusammensetzung bestimmt werden. Das Komitee handelt vollkommen unabhängig und rechtfertigt seine Entscheidungen nie. Verliehen wird der heute mit 10 Mio. SEK (ca. 855 000 €) dotierte Preis alljährlich am 10. Dezember, dem Todestag Alfred Nobels, in Anwesenheit des Königs. Die übrigen vier Nobelpreise werden in Stockholm überreicht. Als vierter und letzter Deutscher erhielt der damalige Bundeskanzler Willy Brandt 1971 die hohe Auszeichnung.

■ Brynjulf Bulls plass 1, www.nobelpeacecenter.org, Mai–Aug. tgl. 11–17, sonst Di–So 11–17 Uhr, 140 NOK, Kinder (12–18 J.) 50 NOK, Familien 280 NOK

3 Nasjonalmuseet

| Museum |

1 *Umfangreichste Sammlung norwegischer Kunst*

Der Neubau des Nationalmuseums an prominenter Stelle zwischen Rathaus und Aker Brygge wurde 2022 eröffnet. Entworfen wurde der monumentale Gebäudekomplex von den deutschen Architekten Jan Kleihues und Klaus Schuwerk. Es zeigt Werke mehrerer staatlicher Museen und vereint die bedeutendsten Werke aus Malerei, Skulptur, Architektur, Design und Volkskunst. Auch einige Werke von Edvard Munch sind hier zu sehen.

■ Brynjulf Bulls plass 3, www.nasjonalmuseet.no, Di, Mi 10–20, Do–So 10–17 Uhr, 200 NOK, bis 17 J. frei

4 Aker Brygge

| Flaniermeile |

Bis in die 1980er-Jahre befand sich auf Aker Brygge eine der größten norwegischen Werften. Als diese schließen musste, entstand hier ein moderner Stadtteil mit zahlreichen Geschäften, Restaurants, Büros, Kinos und Theatern. Von einigen der alten Backsteinhäuser ist die Fassade erhalten geblieben, der Rest wurde mit Stahl, Aluminium und Glas neu gestaltet.

5 Astrup Fearnley Museet

| Museum |

Entworfen hat das Museumsgebäude der italienische Stararchitekt Renzo Piano, es besteht aus drei Pavillons unter einem geschwungenen Glasdach in Form eines Segels. Die Ausstellungsräu-

Würdiger Rahmen für die bedeutende Kunstsammlung im Astrup Fearnley Museet

me beherbergen eine der größten Privatsammlungen zeitgenössischer Kunst.

■ Strandpromenaden 2, www.afmuseet.no, tgl. 11–17 Uhr, 150 NOK, bis 16 J. frei

6 Akershus Festning og Slott

| Festung |

Auf einer Landzunge im Fjord wacht die trutzige Anlage über die Stadt. Ihr heutiges Aussehen erhielt sie im 17. Jh. von König Christian IV., der die mittelalterliche Burg zum Renaissanceschloss umbauen ließ. Heute werden Teile von Akershus von der Regierung genutzt. Ferner gibt es hier das **Forsvarsmuseet**, das den norwegischen Widerstand gegen die Deutschen während des Zweiten Weltkriegs dokumentiert, und das Militärgeschichtliche Museum mit einer Waffensammlung.

■ Festung tgl. 6–21 Uhr, Eintritt frei, Forsvarsmuseet Mai–Aug. tgl. 10–17, sonst 10–16 Uhr, 100 NOK, bis 6 J. frei

7 Den Norske Opera og Ballett

| Opernhaus |

2 *Ein Palast aus weißem Marmor direkt am Wasser*

Mit dem Opernbau ist der große Wurf gelungen, denn das Haus gilt als architektonisches Meisterwerk und neues Wahrzeichen der Stadt. Seit der Eröffnung im Jahr 2008 hat der von dem

Gefällt Ihnen das?

Neben dem **Opernhaus** hat das Architekturbüro Snøhetta auch das **Kunstmuseum** in Lillehammer (S. 85) geplant. Auch das Design der Rückseiten der norwegischen Geldscheine, die seit 2017 im Umlauf sind, stammt von Snøhetta. Wer die **Norwegische Botschaft** in Berlin besucht, erkennt auch hier die Handschrift von Snøhetta.

Plan S. 20/21

Vorbild Natur: Das Osloer Opernhaus ist einem treibenden Eisberg nachempfunden

international bekannten Osloer Architekturbüro Snøhetta geplante Bau rund ein Dutzend Preise gewonnen. Durch die großzügige Verwendung von viel weißem Marmor erinnert das Prestigeobjekt an einen riesigen Eisberg. Auch im Innern des Gebäudes wurde nicht gespart, Foyer und Auditorium begeistern durch klare, minimalistische Raumgestaltung, Technik und Akustik werden hochgelobt.

■ Kirsten Flagstads plass 1, www.operaen.no, Tickets: Tel. 21 42 21 21, Führung 130 NOK

8 Munch-Museet

| Museum |

3 *Ein ganzes Museum für den berühmten norwegischen Maler*

Der 2021 eröffnete Museumsneubau ist ein weiteres architektonisches Highlight im Stadtteil Bjørvika am Fjord. Die Architekten ließen sich vom griechischen Buchstaben Lambda inspirieren, was zu dem charakteristischen Knick in der Spitze des Gebäudes führte. Das Museum verwaltet den Nachlass des bekanntesten norwegischen Malers Edvard Munch (1863–1944). Sein Werk ist mit mehr als 1000 Gemälden, 4500 Zeichnungen und 18 000 Grafiken sehr umfangreich, sodass immer wieder wechselnde Bilder gezeigt werden. Natürlich sind auch seine bekanntesten Werke wie »Der Schrei« und »Madonna« zu sehen.

■ Edvard Munchs plass 1, www.munchmuseet.no, So–Di 10–18, Mi–Sa 10–21 Uhr, 160 NOK, bis 17 J. frei

Gefällt Ihnen das?

Mehr Bilder von **Edvard Munch** finden Sie im Osloer **Nationalmuseum** (S. 22). Im Badeort Åsgårdstrand lohnt **Munchs Sommerhaus** den Besuch (S. 33).

9 Karl Johans gate

| Flaniermeile |

4 *Flanieren und promenieren unter den Augen des Königs*

Das **Königliche Schloss** befindet sich auf einer Anhöhe am nordwestlichen Ende der Karl Johans gate. Der schwedisch-norwegische König Karl Johan ließ den Bau im Empirestil errichten, erlebte seine Fertigstellung 1848 jedoch nicht mehr. Vom Balkon des Schlosses kann die Königsfamilie direkt auf die rund 2 km lange Karl Johans gate, die älteste und schönste Flaniermeile der Stadt, schauen. Dies tut sie zumindest einmal im Jahr, wenn am 17. Mai, dem norwegischen Nationalfeiertag, die traditionelle Parade der Schulkinder vorbeizieht. Unweit vom Schloss liegt das prunkvolle Gebäude der **Universität** mit einem Gemälde von Edvard Munch in der Aula. Auf der anderen Straßenseite befindet sich das klassizistische **Nationaltheater**, vor dem die Statuen des Dramatikers Henrik Ibsen und des Dichters der norwegischen Nationalhymne Bjørnstjerne Bjørnson stehen. Durch einen kleinen Park geht es weiter zum Parlament, dem **Storting**, einem schlichten, 1866 errichteten neogotischen Bau. Im weiteren Verlauf kommt man zum ehrwürdigen Grand Hotel und zur Domkirche von 1697, in der Kronprinz Håkon und Kronprinzessin Mette-Marit 2001 geheiratet haben. Vorbei an den **Markthallen Basarene** kommt man schließlich zum Bahnhofsplatz.

■ Det Kongelige Slott: Parkveien, www.kongehuset.no, Führungen Mitte Juni–Mitte Aug., Karten ab März im Voraus im Internet (www.ticketmaster.no), einige wenige Restkarten direkt am Eingang, 175 NOK, Kinder 125 NOK, Wachablösung tgl. um 13.30 Uhr

ADAC Spartipp

Folgende Osloer Attraktionen können **kostenlos** besichtigt werden: Vigelandsparken (S. 29), die Festung Akershus (Akershus Festning, S. 23) und die Norwegische Oper (Norske Opera, S. 23).

10 Ibsenmuseet

| Museum |

In diesem Haus verbrachte der 1828 in Skien, der Hauptstadt der Telemark, geborene Dramatiker Henrik Ibsen die letzten elf Jahre seines Lebens und verfasste seine letzten beiden Werke. Alle Räume, auch sein Arbeitszimmer, wurden mit finanzieller Unterstützung von Spendern und Leihgebern originalgetreu restauriert und sehen noch wie zu seinen Lebzeiten aus.

■ Henrik Ibsensgate 26, www.ibsenmuseet.no, tgl. 11–18 Uhr, 180 NOK, bis 17 J. frei

Verkehrsmittel

Alle Zufahrten nach Oslo sind mit automatischen **Mautstationen** versehen. Die Höhe der Maut richtet sich nach der Tageszeit (rush hour ist teurer) und ist außerdem noch nach der Antriebsart gestaffelt (Benzin, Diesel, Hybrid, Elektro). Die Preisspanne für Pkw liegt zwischen 5 und 31 NOK. Genaue Tarife unter www.fjellinjen.no/private/prices. Die Rechnung wird per Post geschickt. Der **öffentliche Nahverkehr** in Oslo ist hervorragend, es gibt fünf U-Bahnlinien (»T-bane«), acht Straßenbahnlinien (»trikk«) und natürlich Busse. Ab Vippetangen (südl. der Festung Akershus) und Pipervika starten die **Fähren** zu den Inseln im Fjord.

Parken

Parkhäuser gibt es genügend in der City, doch wegen der hohen Preise (ca. 40 NOK für 30 Min.) sind sie für längere Aufenthalte sehr teuer. Eine kleine Anzahl an **Parkplätzen** bietet die Kommune für Elektroautos günstiger an, ansonsten wird der gesamte Parkraum in Oslo von der Kommune oder privat bewirtschaftet. Tipp: Am besten ist es, ein Hotel zu buchen, das einen Rabatt auf Parkgebühren gewährt, dann kann man den Wagen während seines Aufenthalts dort stehen lassen.

Restaurants

€–€€ | Paleet Im Untergeschoss der Ladenpassage gibt es mehrere »Spisesteder«, in denen man Speisen aus aller Welt zu fairen Preisen bekommt. ■ Karl Johans gate 37, www.paleet.no, Mo–Fr 10–20, Sa 10–18 Uhr, Plan S. 20/21, e3

Einkehr mit Blick zur Festung Akershus bieten die Lokale auf Aker Brygge

€€–€€€ | Theatercaféen Café und Restaurant im Stil der Wiener Kaffeehäuser. Schöne Atmosphäre und ausgezeichnete Speisen. ■ Hotel Continental, Stortingsgate 24–26, Tel. 22824050, www.theatercafeen.no, Mo–Sa 11–22.30, So 15–22 Uhr, Plan S. 20/21, d3

€€€ | Engebret Café Traditionsreiches Künstlerrestaurant mit sehr guter Küche. Mo–Fr 11.30–14 Uhr wird das berühmte Smørbrød-Büfett aufgebaut. Zur Lunchzeit gibt es günstigere Gerichte. ■ Bankplassen 1, Tel. 22822525, www.engebret-cafe.no, Mo–Fr 11.30–23, Sa 17–23 Uhr, Plan S. 20/21, e4

Cafés

Basarhallene Die ehemalige Markthalle hinter dem Dom, ein Backsteingebäude im neoromanischen Stil mit Arkadenbögen, beherbergt eine Reihe kleiner netter Cafés zur Einkehr. ■ Kirkeristen, Plan S. 20/21, f3

Kunstnernes Hus Das im Stil der 1930er-Jahre eingerichtete Café in der Kunstgalerie bietet preisgekrönte Pizzen und Lunchgerichte. ■ Wergelandsveien 17, Tel. 22853410, www.kunstnerneshus.no, Di–Sa 11–22, So 12–20 Uhr, Plan S. 20/21, d2

Einkaufen

In der Nähe des Hauptbahnhofs hat man im **Oslo City Shopping Centre** zahlreiche Geschäfte zur Auswahl (www.oslo-city.steenstrom.no). Auch im **Byporten Shopping** locken viele Läden mit Mode und Design (www.byporten.no). ■ Plan S. 20/21, f3

Der Spaziergang durch das Norsk Folkemuseum führt an alten Dorfhäusern vorbei

Kneipen, Bars und Clubs

Lekter'n Einer der beliebtesten Plätze für ein Bier mitten im Getümmel von Aker Brygge. Regelmäßig Livemusik. ■ Stranden 3, www.lektern.no, tgl. ab 11 Uhr, Plan S. 20/21, d4

Erlebnisse

Fjordcruise Sehr beliebt sind die Abendkreuzfahrten auf dem Oslofjord mit Blick auf die Stadt und ihre Sehenswürdigkeiten im Licht der untergehenden Sonne. An Bord vertreibt man sich die Zeit mit Krabbenpulen. ■ Tickets am Kai, Plan S. 20/21, d3/4

Bygdøy

1 *Grüne Museumsinsel mit musealen Leckerbissen*

Bygdøy, einst Insel, heute Halbinsel, liegt nur wenige Minuten vom Zentrum entfernt. Hier gibt es einige der besten Museen der Stadt, außerdem Grünanlagen, Badestrände und die Sommerresidenz des Königs. Nach dem Museumsbesuch kann man am Fjord sitzen und Schiffe gucken.

Sehenswert

11 Norsk Folkemuseum

| Freilichtmuseum |

Das norwegische Volksmuseum gibt einen Überblick über die norwegische Architektur- und Kulturgeschichte der letzten Jahrhunderte. Im Hauptgebäude sind Volkskunst, Trachten, Spielzeug und der erste Sitzungssaal des Stortings, des norwegischen Parlaments, zu sehen. Im parkähnlichen Freilichtmuseum stehen rund 150 Häuser aus allen Landesteilen. Auch eine Straße des ehemaligen Christiania, wie Oslo einst hieß, wurde wieder aufgebaut. Man begegnet Handwerkern und Bauern in historischen Kostümen, die norwegische Traditionen aufleben lassen. Selbst eine Stabkirche gibt es im Museum, sie stammt aus Gol. König Oskar II.

rettete sie vor dem Abriss, ließ sie 1902 in seinem Park auf Bygdøy wieder aufbauen und legte damit den Grundstein für das Norwegische Volksmuseum.

■ Museumsveien 10, norskfolkemuseum.no, Mai–Sept. tgl. 10–17, sonst tgl. 11–16 Uhr, 180 NOK, bis 17 J. frei

12 Vikingskipshuset

| Museum |

Das Museum zeigt drei Wikingerschiffe aus dem 9. Jh., die vor über 100 Jahren in Grabhügeln am Oslofjord entdeckt wurden. Einmalig wegen seines guten Zustands und der kunstvollen Schnitzereien an Rumpf und Steven ist das 22 m lange Osebergschiff. In ihm wurden eine Wikingerkönigin und ihre Dienerin beigesetzt, auch die Grabbeigaben – verzierte hölzerne Wagen und Schlitten, Textilien und eisenbeschlagene Kisten – sind erhalten geblieben. Das Tuneschiff aus Fredrikstad und das Gokstadschiff aus Sandefjord haben die letzten 1000 Jahre nicht ganz so gut überstanden.

■ Die Wikingerschiffe bekommen ein neues, modernes Museum, das voraussichtlich 2026 eröffnet wird.

ADAC Mobil

Oslo Bysykkel managt **Mieträder** an rund 250 Stationen. Die Räder können von April bis November und täglich von 5–1 Uhr über eine App genutzt werden. Tagesticket für 69 NOK, Einzelfahrt 39 NOK, nach 60 Minuten muss das Rad wieder an einer Station abgegeben werden, danach kann man sich ein neues nehmen. Alles Weitere über die App und im Internet unter oslobysykkel.no.

13 Norsk Maritimt Museum

| Museum |

Im Seefahrtsmuseum werden Modelle verschiedener Schiffe und Boote, vom kleinen Ruderboot bis zum großen Öltanker, präsentiert. Außerdem gibt es Ausstellungen über Fischfang, Tiefseearchäologie und Wetterkunde sowie diverse Film- und Videovorführungen über Küstenlandschaften und Meer. Vor dem Museum steht die »Gjøa«, mit der der norwegische Polarforscher Roald Amundsen 1903–1906 als Erster die Nordwestpassage durch die Arktis bewältigt hat.

■ Bygdøynesveien 37, marmuseum.no, Mitte April–Sept. tgl. 10–17, sonst Di–So 11–16 Uhr, 140 NOK, bis 17 J. frei

14 Frammuseet

| Museum |

Im Frammuseet ist die dickbäuchige »Fram« ausgestellt. Mit diesem Schiff haben die norwegischen Polarforscher Fridtjof Nansen, Otto Sverdrup und Roald Amundsen von 1893–1896 ihre Reise in die Polargebiete unternommen. Auf 84° nördlicher Breite verließen sie das Schiff, um den Nordpol zu erreichen, was jedoch scheiterte.

■ Bygdøynesveien 39, www.frammuseum.no, Mai–Aug. tgl. 9.30–18, sonst 10–17 Uhr, 140 NOK, Kinder 50 NOK

15 Kon-Tiki Museet

| Museum |

Das Kon-Tiki-Museum ist Thor Heyerdahl (1914–2002), einem der größten norwegischen Entdecker, gewidmet. Eine Reihe spektakulärer Expeditionen, die er teils auch filmisch dokumentierte, führte den Anthropologen und Ethnologen unter anderem mit dem Balsafloß »Kon-Tiki« von Peru zu den polynesischen Tuamotu-Inseln und mit

dem Papyrusboot »Ra II« von Marokko über den Atlantik. Beide Boote sind im Museum ausgestellt.
■ Bygdøynesveien 36, www.kon-tiki.no, Juni–Aug. tgl. 9.30–18, Mai 10–18, sonst 10–17 Uhr, 140 NOK, Kinder 50 NOK

Verkehrsmittel

Im Sommer (Mitte März–Mitte Okt.) gelangt man mit der **Fähre** vom Rathaus in wenigen Minuten nach Bygdøy, im Winter, wenn die Fähre nicht verkehrt, fährt der Bus Nr. 30.

Parken

Bei allen Museen auf der Halbinsel Bygdøy gibt es begrenzte, kostenpflichtige Parkmöglichkeiten.

Restaurants

€€–€€€ | Lille Herbern Terrasse mit Blick auf den Oslofjord – Sonnenuntergang und Schiffe gucken inklusive. Von den Bygdøy-Museen läuft man ein paar Minuten bis zum Herbernveien, setzt mit einem winzigen Boot in einer Minute auf eine Fjordinsel über und genießt mit den Osloern Fisch und Meeresfrüchte in exzellenter Qualität. ■ Herbernveien 1, Tel. 22449700, www.lilleherbern.no, Mai–Sept. tgl. geöffnet, Plan S. 20/21, südwestl. a1

Entspannung

Huk und Paradisbukta Die beiden Strände auf Bygdøy zählen bei den Osloern zu den beliebtesten in Stadtnähe, deshalb wird es an Sommerwochenenden voll. In der Nähe gibt es einen großen Parkplatz, man erreicht die Strände aber auch mit dem Bus Nr. 30.

Im Vigelandsparken: der »Monolith« von Gustav Vigeland (im Hintergrund)

Oslos Vestkanten

Oslos Westen: gutbürgerliches Wohnen im Grünen

Oslos Westen lockt mit schönen Altbauten und herrschaftlichen Stadthäusern. Hegdehaugsveien und Bogstadveien sind beliebte Shoppingmeilen, auf denen sich ein Geschäft ans andere reiht. In den Frognerpark geht man zum Joggen, Skaten und Picknicken.

Sehenswert

16 Vigelandsparken
| Skulpturengarten |
5 *Verschlungene Menschenleiber und kolossale Skulpturen*

Teil des weitläufigen Frognerparks ist die Vigelandanlage. Sie ist das Werk

des Bildhauers Gustav Vigeland (1869–1943), der in jahrelanger Arbeit mehr als 200 Figuren schuf. Höhepunkt und Blickfang ist der »Monolith« auf einer kleinen Anhöhe, eine 17 m hohe Granitsäule aus ineinander verschlungenen Menschenleibern. Unterhalb gibt es viele weitere Skulpturen zu bewundern, wie die »Brunnenschale«, die von einem Kreis starker Männer getragen wird. Die Brücke über die Frognerteiche versah Vigeland mit 58 Figuren, die bekannteste ist der »Trotzkopf« (»sinnataggen«), die einen kleinen Jungen zeigt, der seiner Wut Ausdruck verleiht.
■ Der Park ist jederzeit bei freiem Eintritt zugänglich

17 Vigeland Museet

| Museum |

Im ehemaligen Wohnhaus und Studio des Bildhauers Gustav Vigeland werden seine Zeichnungen, Modelle und Holzschnitte präsentiert. Vor allem die Arbeiten am großen »Monolithen«, Höhepunkt und Blickfang im Vigelandsparken, werden anschaulich erläutert. Darüber hinaus werden wechselnde Ausstellungen norwegischer und internationaler Gegenwartskunst gezeigt.
■ Nobelsgate 32, www.vigeland.museum.no, Mai–Aug. Di–So 10–17, sonst 12–16 Uhr, 100 NOK, bis 18 J. frei

Restaurants

€€ | Lorry Eines der ältesten Kultlokale der Stadt mit entspannter, gemütlicher Atmosphäre und teils kurioser Einrichtung. Hier gibt es norwegische Hausmannskost und natürlich Smørbrød. Den Durst löschen 128 verschiedene Biere. ■ Parkveien 12, Tel. 22 69 69 04, www.lorry.no, Mo 11–1, Di–Sa 11–3.30, So 12–1 Uhr, Plan S. 20/21, d2

Oslos Østkanten

Oslos Osten: vom Arbeiterviertel zum Szenekiez

Die Stadtteile östlich des Flusses Akerselv werden allgemein als Østkanten bezeichnet. Es sind die typischen Arbeiterbezirke der Stadt, hier ist nicht nur das Bier etwas billiger, auch die meisten Einwanderer leben wegen günstigerer Mieten in diesem Teil der Stadt.

Sehenswert

18 Grünerløkka

| Stadviertel |

Einen Abstecher in Oslos östlichen Stadtteil lohnt der Szenebezirk Grünerløkka, dessen schönster Teil sich rund um die Fontäne auf dem Olaf Ryes plass und bis zur Pauluskirche im Norden erstreckt. Den besonderen Charme des Viertels machen vor allem die gründerzeitliche Bebauung und die vielen kleinen Cafés, Restaurants, Bars, Kneipen und Secondhandläden aus.

Restaurants

€–€€ | Mathallen In den kleinen Restaurants, Cafés und Bars der Markthalle von Grünerløkka gibt es Sushi, Pasta, Pizza, Tacos und mehr. ■ Vulkan 5, mathallenoslo.no, Markthalle Di–Sa 10–20, So 11–18 Uhr, Restaurants teilweise länger, Plan S. 20/21, f1

Kneipen, Bars und Clubs

Blå Fast täglich gibt es in dem Club am Fluss ein Konzert. Dabei legt man Wert auf eine bunte Mischung. ■ Brennerieveien 9c, Tel. 40 00 42 77, www.blaaoslo.no, tgl. ab 18, auf der Terrasse ab 12 Uhr, Plan S. 20/21, f2

Erlebnisse

Wallmans Salonger Zur Show in Oslos einzigem Dinnertheater werden exzellentes Essen und sehr gute Weine serviert. ■ Mølleparken 6, Tel. 23226590, www.wallmans.no, Bar ab 18, Restaurant ab 19 Uhr, Plan S. 20/21, nördl. f1

Holmenkollen und Frognerseteren

Oslos Hausberg bietet eine tolle Aussicht auf Fjord und Stadt

Die Holmenkollenschanze sieht man schon aus der Ferne. Wer hinauffährt, genießt eine der schönsten Aussichten auf Oslo und den Fjord. Neben der Aussicht zählen Holmenkollen und Frognerseteren zu den beliebtesten Startpunkten für Unternehmungen in den Wäldern der Oslomark.

Sehenswert

19 Holmenkollen

| Aussichtspunkt |

Seit den Olympischen Winterspielen 1952 war die Skisprungschanze ein Wahrzeichen Oslos, der elegant geschwungene Neubau aus Stahl von 2011 ist nicht weniger spektakulär. Unter dem Schanzenturm befindet sich ein Skimuseum, das die Geschichte des Skisports erzählt. Im Sommer finden am Holmenkollen häufig Konzerte und andere Events statt. Die neueste Attraktion ist die Kunstinstallation Rosenslottet, die mit Bildern und Skulpturen an den Zweiten Weltkrieg erinnert.

■ Kongeveien 5, www.skiforeningen.no/holmenkollen, Juni–Aug. tgl. 10–17 Uhr, sonst kürzer, 160 NOK mit Sprungturm, Kinder ab 6 J. 80 NOK, Rosenslottet tgl. 10–19 Uhr, 160 NOK, bis 6 J. frei

ADAC Spartipp

Der **Oslo-Pass** gilt für ein, zwei oder drei Tage (495, 720 bzw. 895 NOK, Kinder 4–15 Jahre 265, 360 bzw. 450 NOK). Mit dem Pass kann man alle öffentlichen Verkehrsmittel nutzen, mehr als 30 Museen und Attraktionen besuchen und bekommt Rabatte z. B. für Sightseeing-Touren mit Schiff und Bus. Man erhält ihn in der Touristeninformation, am Flughafen und in den meisten Hotels.

Verkehrsmittel

Die **T-bane Nr. 1** fährt vom Zentrum über Holmenkollen bis zur Endstation Frognerseteren.

Restaurants

€–€€€ | Frognerseteren Wunderbarer Blick von der Terrasse. Im Kafe Seterstua gibt es tagsüber Kaffee und Kuchen, Smørbrød und Lunchgerichte zu erschwinglichen Preisen. Abends wird es teuer, dafür gehört die Küche mit zum Besten, was die Stadt zu bieten hat. ■ Holmenkollveien 200, Tel. 22924040, www.frognerseteren.no, tgl. ab 11/12–21/22 Uhr, Plan S. 20/21, nördl. c1

Sport

Von April bis Oktober führt eine **Zip-Line** vom Schanzenturm 130 m hinab und vermittelt sehr realistisch, was Skispringer bei einem Flug empfinden. ■ Tel. 22083000, www.kollensvevet.no, Juni–Aug. tgl. 11–17 Uhr, Sept.–Nov. nur Sa, So, 690 NOK, plus Eintritt Skimuseum und Fahrstuhl zur Turmspitze 160 NOK

Hübsches Detail, das an die Bedeutung der Schifffahrt für Drøbak erinnert

2 Østfold

Wehrhafte und gut erhaltene Festungen im Grenzland zu Schweden

Information

■ Turistkontor, Kirkegaten 31 b, 1632 Fredrikstad, Tel. 69 30 46 00, www.visitoestfold.com

Moränenhügel, Seen und Schäreninseln prägen die Landschaft östlich des Oslofjords. Mehrere Jahrhunderte lang war Østfold Schauplatz kriegerischer Auseinandersetzungen zwischen Norwegen und Schweden, davon zeugen bis heute die Festungen in Halden und Fredrikstad.

Sehenswert

Drøbak

| Stadtbild |

Vielen norwegischen Künstlern diente die kleine Stadt an der engsten Stelle des Oslofjords mit den bunten Holzhäusern und engen Gassen als Inspiration. Im 19. Jh. bildete sich um die Maler Christian Krogh und Frits Thaulow eine Künstlerkolonie. Bis heute gibt es in Drøbak sehenswerte Galerien.

Fredrikstad

| Festung |

Als 1658 die Provinz Bohuslän an Schweden fiel, wurde Fredrikstad mit einem Befestigungsring nach Plänen von Oberst Wilhelm Coucheron umgeben. Heute bildet das am östlichen Flussufer der Glomma gelegene Gamlebyen die Altstadt Fredrikstads und eine der wenigen fast vollständig erhaltenen norwegischen Festungsstädte. Wallgräben und Bastionen umgeben die Altstadt mit ihren sehenswerten Renaissancebauten.

Fredriksten

| Festung |

Nach dem Frieden von Roskilde 1658 wurde Halden Grenzstadt, deshalb wurde auf einem Plateau die sternförmige Festung Fredriksten nach französischem Vorbild angelegt. Heute sind innerhalb der Verteidigungsmauern mehrere Museen untergebracht, und das Bollwerk bildet die Kulisse für eine Vielzahl an Veranstaltungen wie Theater, Konzerte und Ausstellungen.

Restaurants

€€€ | Slippen Die jungen Inhaber kreieren die besten Fischgerichte der Stadt, zudem backen sie köstliches Brot. Das Angebot an saisonalen 3- und 5-Gänge-Menüs überzeugen auch Feinschmecker. ■ Verkstedveien 12, Fredrikstad, Tel. 99469988, www.restaurantslippen.no, Di–Sa ab 12, So ab 14 Uhr

3 Vestfold

Walfänger, Seefahrer und Munch-Refugium auf der Westseite des Oslofjords

Information

■ In Sandefjord gibt es mehrere Informationspunkte, z. B. in den Hotels Kong Carl oder Scandic Park, Tel. 33460590, www.visitvestfold.com

Große Teile der Westseite des Oslofjords gehören zur Provinz Vestfold, die bekanntesten Städte sind Horten, Åsgårdstrand, Tønsberg, Sandefjord und Larvik. Vor der Küste liegen viele Inseln und Schären. Früher wurden hier Wale gefangen, heute dominieren Fischfang, Werften, Holzindustrie und Landwirtschaft in der Region. Für norwegische Verhältnisse ist Vestfold relativ dicht besiedelt.

Sehenswert

Hvalfangstmuseet

| Museum |

An der Strandpromenade von Sandefjord gibt es ein Walfangmonument, das an die Vergangenheit der Stadt als Zentrum des Walfangs erinnert, und an der Museumsbrücke im Hafen liegt das Walfangboot »Southern Actor«. Im Museum kann man sich über die Geschichte des Walfangs und die arktische Tier- und Vogelwelt informieren. ■ Museumsgaten 39, 3237 Sandefjord, www.hvalfangstmuseet.no, im Sommer tgl. 11–16, Do bis 19 Uhr, sonst kürzer, 100 NOK, bis 6 J. frei

Munchs lille hus

| Museum |

Mehrere Jahre verbrachte der Maler Edvard Munch in dem sonnenverwöhnten Badeort Åsgårdstrand am

An der Westseite des Oslofjord: Sommerhäuser und Boote warten auf Urlaubsgäste

Im Blickpunkt

Vorreiter des Expressionismus und Symbolismus

Edvard Munch (1863–1944) wuchs in der norwegischen Hauptstadt Oslo auf, die damals noch Christiania hieß. Seine Familie hat seine früh erkennbaren künstlerischen Neigungen gefördert. Tod und Krankheit in seinem nächsten familiären Umfeld prägten bereits seine Kindheit. Als er fünf Jahre alt war, starb seine Mutter an Tuberkulose, auch seine ältere Schwester Sophie wurde mit 15 Jahren Opfer der Schwindsucht. Seine jüngere Schwester war wegen Depressionen in Behandlung. So ist es nicht verwunderlich, dass Tod, Trauer und Melancholie zentrale Themen seines Werks sind. Munch war schon früh Mitglied der Kristiania-Boheme, reiste nach Paris, erhielt in der französischen Hauptstadt ein Stipendium und traf dort Paul Gauguin. Eine Ausstellung im Berliner Künstlerverein, die wegen seiner »anarchistischen« Bilder mit einem Eklat endete, machte ihn in Deutschland bekannt, und so entschloss er sich, in der Berliner Künstler- und Intellektuellenszene zu arbeiten. Nerven- und Alkoholprobleme führten Anfang des 20. Jh. zu mehreren Klinikaufenthalten. In dem Städtchen Åsgårdstrand am Oslofjord – zu Munchs Zeiten eine Künstlerkolonie – fand der Weltenbummler sein kleines »Glückshaus«. Hier malte er einige seiner bekanntesten Bilder wie »Der Tanz des Lebens«, »Der Tod der Mutter«, »Melancholie« und mehrere Versionen des Motivs »Mädchen auf der Brücke«. In seinem letzten Willen verfügte der Maler, dass sein Werk von mehr als 1700 Gemälden sowie zahlreichen Radierungen, Lithografien und Holzschnitten in den Besitz der Stadt Oslo übergehen sollte. Diese widmete dem bekanntesten norwegischen Maler 1963 ein eigenes Museum, das über eine einzigartige Sammlung aus allen Phasen seines künstlerischen Schaffens verfügt. Im Oktober 2021 wurde das neue, größere Munch Museum in der Nähe der Oper am Oslofjord eröffnet.

Oslofjord, der mit vielen strahlend weißen Holzhäusern zu gefallen weiß. Das bescheidene Fischerhaus, das Munch 1898 erwarb, dient heute als Museum und sieht mit der originalen Einrichtung noch so aus, als ob der Maler nur kurz außer Haus sei und gleich zurückkommen würde.

■ Edvards Munchsgate 25, 3179 Åsgårdstrand, vestfoldmuseene.no/munchs-hus, Juni–Aug. Di–So 11–17, sonst Sa, So 11–16 Uhr, 120 NOK, bis 6 J. frei

Verkehrsmittel

Fjordline fährt von Sandefjord nach Strømstad (www.fjordline.no); **Color Line** bedient die Strecken Sandefjord–Strømstad und Hirtshals–Larvik (www.colorline.de); **Bastø Fosen** verkehrt zwischen Moss und Horten (basto-fosen.no).

4 Skien

Ibsen-Stadt und südlichster Hafen am Endpunkt des Telemark-Kanals

Information

■ Turistkontor, Henrik Ibsensgate 2, 3732 Skien, Tel. 35 90 55 20, www.visittelemark.no

Die Hauptstadt der Provinz Telemark (ca. 55 000 Einw.) ist seit Jahrhunderten ein wichtiger Industriestandort; größter Arbeitgeber ist die Papierfabrik. Der letzte große Stadtbrand vernichtete, bis auf einige Häuser oberhalb des Zentrums, fast die gesamte alte Bausubstanz. Für Ibsen-Fans lohnt ein Stopp in der Geburtsstadt des Dichters, und auch als südlichster Hafen am Telemarkkanal zieht Skien Besucher an.

Sehenswert

Ibsenmuseet

| Museum |

Henrik Ibsen hat einige Jahre seiner Kindheit in Venstøp außerhalb der Stadt verbracht. Heute beherbergt das Anwesen ein Museum mit Möbeln und Erinnerungsstücken der Familie, das einen Einblick in die Kindheit des Dichters bietet, der später einer der bekanntesten Dramatiker der Welt werden sollte.

■ Venstøphøgda 74, www.telemarkmuseum.no, Mai–Aug. Di–So 11–17 Uhr, 100 NOK, Kinder 40 NOK

Brekkepark

| Freiluftmuseum |

In dem englischen Landschaftsgarten wurde rund ein Dutzend Häuser aus der Region wieder aufgebaut. Im Herrenhaus Søndre Brekke aus dem frühen 19. Jh. soll, wie mehrere Augenzeugen glaubhaft versichern, das Gespenst »Den grå dame« umgehen.

■ Øvregate 32 B, www.telemarkmuseum.no, Mai–Aug. tgl. 11–17 Uhr, 100 NOK, Kinder 40 NOK

In der Umgebung

Porsgrunds Porselænsfabrik

| Museum |

Die Porzellanfabrik, deren Produkte in die ganze Welt exportiert und auch am Königshof verwendet werden, kann ebenso besichtigt werden wie das interaktive Museum, das über die Geschichte der Porzellanherstellung informiert. Beim Fabrikverkauf locken 2. Wahl-Schnäppchen.

■ Porselensveien 12, 3920 Porsgrunn, www.porsgrund.com, im Sommer Di–So 11–16, sonst Mi–Sa 11–16, Führungen 11.30 und 13 Uhr, 100 NOK, Kinder 40 NOK

5 Rjukan

Industriedenkmal und weite Aussichten vom höchsten Berg der Telemark

Information

■ Turistkontor, Torget 2, 3660 Rjukan, Tel. 35 08 05 50, www.visitrjukan.com

Ab Anfang des 20. Jh. wurde im Industrieort Rjukan mithilfe von Wasserkraft Kunstdünger produziert, aus dem Betrieb entstand der Weltkonzern Norsk Hydro. Rjukan erlangte im Zweiten Weltkrieg Bekanntheit, da die deutschen Besatzer im Wasserkraftwerk Vemork schweres Wasser zum Bau von Atombomben herstellen wollten, was durch Sabotageakte britisch-norwegischer Einheiten verhindert wurde.

Sehenswert

Norsk Industriarbeidermuseum

| Museum |

Im Vemork Kraftwerk, ein Stück außerhalb von Rjukan, einst größtes Wasserkraftwerk der Welt, heute Museum, werden die Chronologie der Sabotageakte und das Leben der Industriearbeiter gezeigt. Das Kraftwerk wurde 1907–1911 errichtet, zur Energieerzeugung wurde der 104 m hohe Wasserfall Rjukanfossen nutzbar gemacht. Imposant ist die Kraftwerkshalle mit den riesigen Turbinen.

■ Vemork, www.nia.no, Mitte Juni–Mitte Aug. tgl. 10–18 Uhr, sonst kürzer, 220 NOK, bis 6 J. frei

ADAC Wussten Sie schon?

Rjukan liegt in einem so tief eingeschnittenen Tal am Rand der Hochebene Hardangervidda, dass von September bis März kein Sonnenstrahl den Talboden erhellt. So wurden am Berghang drei Spiegel, sogenannte Heliostaten, aufgestellt, die das Sonnenlicht so reflektieren, dass es zumindest auf dem zentralen Marktplatz einen sonnigen Fleck gibt.

Erlebnisse

Krossobanen Vom Ort führt eine Kabinenseilbahn auf die Hochebene Hardangervidda. Von der Bergstation genießt man einen wunderschönen Blick auf den Ort. ■ www.krossobanen.no

In der Umgebung

Gaustatoppen

| Aussichtspunkt |

Den höchsten Berg der Telemark (1883 m) kann man auf einem markierten Weg ab Stavsro in 2–3 Std. besteigen. Bei schönem Wetter bietet sich ein herrlicher Panoramablick. Alternativ fährt man mit der Gaustabanen zum Gipfel, die im Berginneren verläuft.

■ www.gaustabanen.no, Berg- und Talfahrt 440 NOK, Kinder (5–15 J.) 290 NOK

Restaurants

€€ | **Gaustatoppen Turisthytte** Auf dem Gipfel des Gaustatoppen steht eine der ältesten Berghütten Norwegens aus dem Jahr 1893. Die frischen Waffeln sind Spitze, zusammen mit dem grandiosen Rundumblick, der bei klarer Luft über ein Sechstel Norwegens umfasst, sind sie unschlagbar. ■ Gaustatoppen, gaustatoppen.dnt.no, Tel. 97 13 33 09, Feb.–Juni tgl. 9.30–16.30, Juli–Okt. tgl. 9–17.30 Uhr

6 Telemark

Hügelland, tiefe Wälder, klare Seen, Flüsse und Kanäle

Information

■ Turistkontor Visit Telemark, Henrik Ibsensgate 2, 3732 Skien, Tel. 35 90 55 20, www.visittelemark.no

Das sanft gewellte Hügelland der Telemark ist von dichten Wäldern bedeckt, dazwischen liegen fruchtbare Äcker, Seen und Dörfer. Hier nimmt das moderne Leben einen ruhigeren Gang. Im Gegensatz zur nahen Küste sind die Häuser nicht mehr strahlend weiß, viele uralte Höfe aus wetterdunklen Stämmen erfreuen Nostalgiker.

Sehenswert

Heddal stavkyrkje

| Stabkirche |

6 *Mittelalterliches Meisterwerk: die größte Stabkirche Norwegens*

Wegen ihrer eindrucksvollen Dimensionen wird die der Jungfrau Maria geweihte Stabkirche auch als »gotische Holzkathedrale« bezeichnet. Die ältesten Teile wurden um 1147 errichtet, der übrige Bau 1242. Typisch sind die Andreaskreuze auf Höhe des ersten Dachabschlusses, sehenswert die fünffach gestaffelten Dächer, die geschnitzten Fabeltiere, Ranken und Menschendarstellungen, vor allem an den Portalen. Im Innern der Kirche gibt es Runeninschriften, Wandmalereien aus dem 17. Jh. und einen Bischofsstuhl.

■ Heddalsvegen 412, 3676 Notodden, www.heddalstavkirke.no, Mitte Mai–Mitte Sept. tgl. 10–16/17 Uhr, 90 NOK, bis 16 J. 30 NOK

ADAC Mittendrin

Am zweiten Wochenende im September kommen bis zu 70 000 Besucher in den kleinen Ort Seljord zum landesweit größten **Agrarmarkt Dyrsku'n**. Begonnen hat alles 1866 mit einem Viehmarkt, heute findet man zwischen landwirtschaftlichen Geräten und Schneescootern auch Kunsthandwerk, Norwegerpullover und lokale kulinarische Köstlichkeiten. Höhepunkt ist aber die Tierschau, mit einer Prämierung der besten Rinder, Pferde und Ziegen (www.dyrskun.no).

Norsk Skieventyr

| Museum |

Das Dorf Morgedal gilt als Wiege des modernen Skisports, Sondre Norheim, ein Bauernsohn, erfand hier um 1850 die erste Fersenbindung für Skistiefel, die Schwünge und Sprünge ermöglichte. In dem multimedialen Dokumentationszentrum wird die Geschichte des Skilaufs erläutert. Ein besonderes Erlebnis ist eine Abfahrt im Telemarkstil, die Besucher im Großformat auf drei Bildschirmen erleben können.

■ Morgedalvegen 159, 3848 Morgedal, www.visittelemark.no, Mai–Mitte Sept. tgl. 10–17 Uhr, 100 NOK, Kinder (6–15 J.) 50 NOK

Kinder

Bø Sommarland Freizeitpark mit vielen Wasseraktivitäten. ■ Steintjønnvegen 2, 3800 Bø i Telemark, www.sommarland.no, Juni–Mitte Aug. 10–17 bzw. 18 Uhr, ab 369 NOK, nur bei Onlinebuchung Kinder bis 95 cm frei

7 Telemark-Kanal

Mit dem Veteranenschiff durch die Wälder der Telemark

Information

■ Turistkontor Visit Telemark,Henrik Ibsensgate 2,3732 Skien, Tel. 35 90 55 20, www.visittelemark.no

Die historische 105 km lange, 1892 fertiggestellte Wasserstraße führt vom Meer bis ins Herz der Provinz Telemark. Zwischen den Orten Skien und Dalen werden zum größten Teil natürliche Wasserwege genutzt, die durch zwei Kanäle miteinander verbunden wurden. Im Verlauf dieser beiden Kanäle gibt es 18 Schleusen, die insgesamt einen Höhenunterschied von 72 m überwinden. Die fünf Schleusenkammern bei Vrangfoss waren zur damaligen Zeit ein Meisterwerk der Ingenieurbaukunst. Früher erleichterte der Telemark-Kanal den Holzflößern die Arbeit, doch heute hat die Wasserstraße nur noch touristische Bedeutung. Im Sommer wird sie von Linienschiffen und Sportbooten befahren. Besonders reizvoll ist die Fahrt mit den nostalgischen, über 100 Jahre alten Dampfern »Henrik Ibsen« und »Victoria«, die frühmorgens in Skien oder Dalen ablegen und nach rund elf Stunden am anderen Kanalende wieder anlegen.

In der Umgebung

Stavkirke Eidsborg

| Stabkirche |

Die Kirche einige Kilometer außerhalb von Dalen ist dem hl. Nikolaus, dem Schutzpatron der Reisenden, geweiht. Die recht schlichte einschiffige Kirche wurde um 1250 erbaut und ist bis heute fast unverändert geblieben. Sehenswert sind am Westportal die prächtige Rankenornamentik und die Kapitelle mit Löwenfiguren.

■ Museumsvegen, 3891 Høydalsmo, Mai–Mitte Sept. tgl. 10–17 Uhr, 120 NOK, Kinder 60 NOK, bis 6 J. frei

8 Setesdal

Schroffe Gneiswände und lebendige Traditionen im Tal der Mineralien

Information

■ Hovden Turistinformasjon, 4755 Hovdetun, Hovden, Tel. 48 22 72 35, www.hovden.com

Das Setesdal wird in seiner ganzen Länge vom Fluss Otra durchzogen, ein beliebtes Kanu- und Raftingrevier. In den Gemeinden Evje und Iveland gibt es mehr als 400 aufgelassene Gruben und Steinbrüche, von denen einige für Besucher geöffnet sind. Erst Ende des 19. Jh. konnte sich das Tal durch bessere Verkehrsverbindungen aus seiner jahrhundertelangen Isolation befreien, deshalb haben sich alte Traditionen in Baustil, Kunsthandwerk und Volkstrachten hier länger bewahrt.

ADAC Mobil

Von **Rysstad** verläuft eine atemberaubende **Straße** bis zum rund 80 km entfernten **Lysefjord**. Zunächst schraubt sie sich bis auf 1000 m Höhe, führt dann über das baumlose Fjell und schließlich in 27 Haarnadelkurven hinunter nach Lysebotn am Fjord.

Sehenswert

Setesdal Mineralparken

| Ausstellung |

Wegen der reichen Mineralienvorkommen wurden in Evje, dem südlichen Eingang zum Setedal, lange Zeit Minen betrieben. An diese Vergangenheit knüpft der Setesdal Mineralpark an. Man kann die Mineraliensammlung bestaunen und in aufgelassenen Minen selbst auf die Suche gehen. Außerdem gibt es vielfältige Aktivitäten für Familien vom Wasserpark bis zur Dinoschau. ■ Mineralvegen 1, 4737 Hornnes, www.mineralparken.no, Mitte Juni–Mitte Aug. meist tgl. 10–18 Uhr, genaue Zeiten s. Webseite, ab 209 NOK, Kinder ab 159 NOK

Einkaufen

Rysstad Sylv Das Setesdal um Rysstad ist bekannt für die Silberschmiedekunst. Silberschmied Trygve übt seinen Beruf bereits in dritter Generation aus. ■ Sølvgarden Hotell & Feriesenter, Setesdalsvegen 3214, Rysstad, Tel. 40 61 37 63, www.solvgarden.no

Sport

Hovden Hier befindet sich das größte Wintersportzentrum Südnorwegens. ■ www.hovdenalpinsenter.no

TrollAktiv Kajak-, Rafting- und Angeltouren auf der Otra. ■ Syrtveit 4, Evje, Tel. 37 93 11 77, www.trollaktiv.no

Entspannung

Hovden Badeland Badespaß für Groß und Klein im 30 °C warmen Wasser. ■ Skulevegen 9, Hovden, www.badeland.com, wechselnde Zeiten (s. Webseite), ab 142 NOK, bis 3 J. 35 NOK, 3–16 J. 115 NOK

Ausgedehnte Kiefernwälder säumen den Fluss Otra im südlichen Setesdal

9 Sørland

Idyllische Hafenorte, Badebuchten und Schärenlabyrinth entlang der Südküste

Information

■ Arendal Turistkontor, Sam Eydes plass 1, 4836 Arendal, Tel. 37 00 55 44, www.visitsorlandet.com/arendal

■ Mandal Turistkontor, Havnegata 2, 4515 Mandal, Tel. 38 27 83 00, www.visitsorlandet.com/lindesnes

Mit Kragerø, dem »St. Tropez Norwegens«, beginnen die weißen Städte des Sørlandes, der Südküste, die sich wie Perlen einer Kette entlang der Schärenküste in Richtung Süden aneinanderreihen und sich alle mit wohlklingenden Attributen schmücken. Die gemütlichen Kleinstädte mit schmalen verwinkelten Gassen und leuchtend weißen Holzhäusern erzählen vom Wohlstand, den diese Region durch Handel, Bootsbau und Schifffahrt insbesondere im 19. Jh. erlebte.

Sehenswert

Kragerø

| Stadtbild |

Schon Anfang des 20. Jh. kamen viele Künstler nach Kragerø (ca. 10 400 Einw.), unter ihnen die Maler Edvard Munch und Theodor Kittelsen, dessen Haus heute ein Museum ist. Schroffe Felsen lassen dem Ort wenig Platz, sich auszudehnen, deshalb sind hier die Gassen noch schmaler als anderswo. Im Sommer herrscht Hochbetrieb in den Cafés und Restaurants. Wer den Trubel scheut, sucht sich ein Sommerhäuschen auf den Inseln vor der Küste.

Risør

| Stadtbild |

8 *Die Stadt der strahlend weißen Kaufmannshäuser*

Die »weiße Stadt am Meer« verdankt ihren Reichtum dem Holzexport, der ab dem 16. Jh. florierte. Die idyllische Kleinstadt (ca. 4600 Einw.) wurde zur schönsten Holzstadt Norwegens gekürt. Vor allem um den hufeisenförmigen Hafen reihen sich strahlend weiße Kaufmannshäuser. Prunkvoll zeigt sich auch die Heilig-Geist-Kirche von 1647, eine der schönsten Barockkirchen des Landes. Risør ist bei Bootstouristen sehr beliebt, im Sommer liegen Jachten, Segelschiffe und Kutter dicht an dicht im Hafen. Ein Höhepunkt ist das Holzbootfestival im August, bei dem historische Segelschiffe aus ganz Europa zu bewundern sind.

Lyngør

| Insel |

Nur noch rund 100 Menschen leben in Lyngør, das sich auf vier kleinen autofreien Inseln im Schärengarten ausbreitet. Schöner als in jedem Werbeprospekt präsentiert sich hier die typische Südküstenarchitektur mit den weißen Holzhäusern. Wer nicht, wie die zahlreichen Einheimischen, vom Festland aus mit dem eigenen Boot übersetzt, nimmt das Taxiboot, das mehrmals täglich die etwa fünfminütige Überfahrt in Gjeving startet.

■ www.sorlandetsmaritime.no

Arendal

| Stadtbild |

Große Stadtbrände im 17. und 19. Jh. ließen nur am Hafen einige Gebäude von Arendal (ca. 45 500 Einw.) unversehrt. Ein Spaziergang lohnt sich durch den Stadtteil Tyholmen mit seinen vorbildlich restaurierten Holzhäusern. Das imposante weiße Rathaus im Empirestil wurde 1812 als Privatresidenz eines Reeders erbaut. In der Beletage werden Landschaftsgemälde und eine umfangreiche Porträtgalerie gezeigt. Das Stadtmuseum Kløckers Hus vermittelt einen Eindruck vom Leben des wohlhabenden Bürgertums im 19. Jh. Das Aust-Agder Kulturhistoriske Senter KUBEN gibt einen umfassenden Einblick in die Geschichte der Region. In der Bomuldsfabrik widmet sich eine Dauerausstellung der norwegischen Gegenwartskunst.

Grimstad

| Stadtbild |

Der Ort (ca. 24 600 Einw.) ist mit seinen weißen Holzhäusern eine klassische Südküstenschönheit. Zwei der bedeutendsten norwegischen Dichter,

Risør gilt als eine der besterhaltenen Holzhaussiedlungen Europas

Henrik Ibsen und Knut Hamsun, haben hier gelebt. Ibsen ging ab 1843 beim örtlichen Apotheker in die Lehre, nebenbei schrieb er erste Gedichte sowie sein Schauspiel »Catilina«. In der alten Apotheke ist das Ibsen-Museum untergebracht (www.gbm.no/ibsenmuseet). Der nicht unumstrittene Knut Hamsun lebte die letzten Jahre bis zu seinem Tod 1952 auf dem Gut Nørholm in der Nähe.

Mandal

| Stadtbild |

Die Blütezeit Mandals (ca. 11 000 Einw.) begann im 17. Jh. Bis heute präsentiert sich die südlichste Stadt Norwegens mit vielen gut erhaltenen Holzhäusern. Größter Anziehungspunkt ist im Sommer der belebte lange Sandstrand. Mehr Ruhe ist an den kleineren Stränden hinter dem Furulunden-Park zu finden. Im Kaufmannshof Andorsengård von 1805 ist das Mandal museum og Vigeland hus untergebracht, es zeigt Werke der norwegischen Landschaftsmaler des 19. Jh. sowie Exponate zu Seefahrt und Fischerei, außerdem werden Führungen durch das Geburtshaus der Brüder Gustav und Emanuel Vigeland angeboten.

Kap Lindesnes

| Aussichtspunkt |

Der südlichste Punkt des norwegischen Festlands ist rund 40 km südwestlich von Mandal bei Kap Lindesnes. Auf den

ADAC Mittendrin

Den alljährlichen Höhepunkt im Festkalender von Mandal bildet das **Schalentierfestival** im August. Dann verwandelt sich der Badeort in ein Freiluftbüfett mit allen Köstlichkeiten des Meeres. Nach dem Schlemmen kann man sich bei Straßenkonzerten vergnügen.

Klippen steht ein kleiner Leuchtturm mit modernem Besucherzentrum. Von hier sind es 1682 km Luftlinie bis zum Nordkap, auf der Straße sind es jedoch mindestens 2500 km. Hier sollte man auf den Sonnenuntergang warten und den Blick über die raue, fast vegetationslose Schärenküste schweifen lassen.

Restaurants

€€ | Stangholmen fyr Das Restaurant im Leuchtturm vor Risør erreicht man nur mit dem Boot, das alle halbe Stunde vom Zentrum von Risør ablegt. Es bietet eine fantastische Aussicht und ebensolche Fischgerichte. ■ Stangholmen fyr, Risør, Tel. 37 15 24 50, www.stangholmen.no, nur Juni–Aug. tgl. 14–22 Uhr

Die Domkirche in Kristiansand ist einer der größten Sakralbauten des Landes

Cafés

€ | Café Victor Kleine Gerichte, Kaffee und Kuchen mit Blick auf den Hafen von Arendal. Der historische Thommesengården hat eine hübsche Inneneinrichtung. ■ Kirkegaten 5, Arendal, www.cafevictor.no, So geschl.

Events

Canal Street Alljährlich Ende Juli gibt es in Arendal ein großes Jazz- und Bluesfestival mit internationaler Beteiligung. ■ canalstreet.no

10 Kristiansand

Wichtiger Fährhafen und Verkehrsknotenpunkt des Sørlandes

Information

■ Kristiansand Turistinformasjon, Rådhusgata 18, 4611 Kristiansand, Tel. 38 07 50 00, www.visitnorway.no/reisemal/sorlandet/kristiansand

Kristiansand (ca. 115 600 Einw.) wurde 1641 vom dänischen König Christian IV. gegründet. Den Stadtkern ließ er nach den Vorstellungen der Renaissance mit einem schachbrettartigen Straßenmuster anlegen, dies und die breiten Straßen sollten bei Bränden ein Ausbreiten des Feuers verhindern. Längst hat Kristiansand die engen Grenzen der Renaissancestadt gesprengt, aber die Kvadratur im Zentrum ist noch gut zu erkennen. Besonders authentisch ist das Viertel Posebyen mit den weißen Holzhäusern. An der Strandpromenade befindet sich die Festung Christiansholm aus dem 17. Jh., hier finden im Sommer Kunstausstellungen statt.

Sehenswert

Domkirke

| Dom |

Am Marktplatz, dem Zentrum des städtischen Lebens, erhebt sich der nach einem Brand bis 1885 wiedererrichtete Dom im neugotischen Stil. In der Kirche werden häufig Orgelkonzerte veranstaltet, kostenlos sind sie, wenn Kreuzfahrtschiffe in Kristiansand anlegen (Termine online).

■ Gyldenløves gate 9, www.kristiansanddomkirke.no, Mitte Mai–Aug. Mo–Fr 10–17, sonst 11–14 Uhr, Eintritt frei

Kristiansand Museum

| Freilichtmuseum |

Im östlichen Stadtteil Kongsgård gibt es 40 alte Gebäude aus der Region Vest-Agder und dem Setesdal zu sehen. Die »Bygaden« ist eine komplette Straße, gesäumt von Wohnhäusern, Werkstätten und einem Kramladen, die einst im Zentrum Kristiansands standen und hierher versetzt wurden.

■ Vigeveien 22b, www.vestagdermuseet.no, Mitte Juni–Mitte Aug. tgl. 11–16 Uhr, 110 NOK, Kinder (4–18 J.) 50 NOK

Verkehrsmittel

Vom Hafen Kristiansand fahren **Ausflugsschiffe** zur Insel Ny-Hellesund, auf der sich eine Festung aus dem Zweiten Weltkrieg befindet. Von Kristiansand gehen mindestens täglich Fähren nach Hirtshals in Dänemark (www.fjordline.com, www.colorline.de).

Parken

Das Parken im **Zentrum** ist gebührenpflichtig (ca. 20 NOK/Std.). Wohnmobile parkt man am besten in der **Bendisbukta** auf Odderøya oder am **Bahnhof**. Das Zentrum ist von beiden Plätzen fußläufig zu erreichen.

Restaurants

€–€€ | Rett i Garnet Für den kleinen Hunger gibt es Fish 'n' Chips oder Fischsuppe. Ebenso frisch und gut sind die Fischgerichte im Restaurant. ■ Fiskebrygga, Tel. 38 12 24 03, tgl. 11–1 Uhr

€€€ | Bønder i Byen Hier ist der Name (»Bauer in der Stadt«) Programm: Fisch, Fleisch und Gemüse werden immer frisch von den Erzeugern der Gegend angeliefert. ■ Rådhusgata 16, Øvre torv, Tel. 91 14 72 47, bonderibyen.no, Mo–Sa 11–22, So 13–20 Uhr

Kinder

Aquarama Bad Badeland mit großem, beheizten Pool direkt am Stadtstrand, ideal bei kühlen Temperaturen. ■ Tangen 8, Tel, 38 60 20 20, www.aquarama.no, Mo–Mi, Do 12–21, Di, Fr 6–21, Sa, So 10–18 Uhr, 220 NOK, Kinder 55/180 NOK

Kristiansand Dyreparken Im nordischen Raubtierreservat leben Wölfe und Luchse, außerdem gibt es Tiere der afrikanischen Savanne. Kinder freuen sich auch über die Stadt der »Räuber von Kardemomme«, das große Badeland und eine Übernachtung im Räuberhotel und im Safaricamp. ■ Dyreparkveien, www.dyreparken.no, Sommer ab 9/10–15/20 Uhr, Eintritt variiert nach Aktivitäten und Jahreszeit (s. Webseite)

Events

Palmesus Beach Festival Am Stadtstrand sorgen Anfang Juli Musiker und DJs für eine riesige, stimmungsvolle Party. ■ www.palmesus.com

Übernachten

Oslo gehört zu den teuersten Hauptstädten der Welt, entsprechend hoch sind in der Regel die Kosten, die für ein Übernachtungsquartier anfallen. Doch neben den traditionsreichen Luxushotels kann man durchaus auch preiswertere Unterkünfte finden. Das gilt in gleichem Maß für die Regionen im Süden Norwegens, wo kleinere, familiengeführte Häuser eine schöne Alternative zu den stark vertretenen Kettenhotels bilden. Nicht nur in den kleinen Küstenorten ist fast immer ein wunderbarer Ausblick garantiert.

Oslo 18

€–€€ | Anker Apartment Die kleinen Appartements befinden sich im Trendviertel Grünerløkka und warten mit sachlich-moderner Einrichtung und Küchenzeile auf. ■ Københavngata 10, 0566 Oslo, anker-apartment.norway-hotel.com

€€ | Scandic Holmenkollen Park Direkt an der berühmten Holmenkollenschanze steht Oslos schönstes Hotel mit traumhaftem Blick über Stadt, Land und Fjord. Hingucker sind die im typischen »Drachenstil« erbaute Fassade, kunstvolle Schnitzereien und schönes Holzmobiliar im Innern. ■ Kongeveien 26, 0787 Oslo, Tel. 22922000, www.scandichotels.no

€€€ | Clarion Collection Hotel Savoy Neben der Nationalgalerie gelegen, nur wenige Schritte bis zur Karl Johans gate: Die Lage des Hotels ist perfekt. Frühstück, ein süßer Nachmittagssnack sowie ein Abendessen sind im Preis inbegriffen. ■ Universitetsgaten 11, 0164 Oslo, Tel. 23354200, www.nordicchoicehotels.no

€€€ | Hotel Continental Stilvolles, komfortables Hotel im Zentrum mit Blick auf das Nationaltheater, mit fünf Restaurants und Bars, u. a. dem Theatercaféen. ■ Stortingsgaten 24/26, 0117 Oslo, Tel. 22824000, www.hotel-continental.no

€€€ | Grand Hotel Erbaut um das Jahr 1900, beherbergt das Luxushotel am Prachtboulevard Karl Johans gate alljährlich den frisch gekürten Friedensnobelpreisträger (oder die Preisträgerin). 13 Zimmer im »Ladies Floor« wurden von bekannten Norwegerinnen eingerichtet. ■ Karl Johans gate 31, 0159 Oslo, Tel. 23212000, www.grand.no

€€€ | Lysebu Wie ein altes norwegisches Gehöft wirkt das 100 Jahre alte Hotel auf dem Holmenkollen. Die nostalgisch eingerichteten Zimmer bieten neuzeitlichen Komfort. ■ Lysbuveien 12, 0790 Oslo, Tel. 21511020, lysebu.no

Østfold 32

€–€€ | Gamlebyen Hotell AS Das gemütliche niedrige Holzhaus bietet 15 stilvoll und individuell eingerichtete Zimmer. Idealer Ausgangspunkt zur Erkundung der historischen Festungsanlage von Fredrikstad. Frühstück kann geordert werden. ■ Voldportgaten 72, 1632 Fredrikstad, Tel. 40053909, gamlebyenhotell.no

Vestfold 33

€€ | Hotel Kong Carl In dem altehrwürdigen Haus vom Ende des 17. Jh. kann man sich in den »historischen Zimmern« fast wie König Karl fühlen. Sehr gediegen, mit vorzüglichem Restaurant. ■ Torggata 9, 2210 Sandefjord, Tel. 33 46 31 17, kongcarl.no

Telemark-Kanal 38

€€€ | Dalen Hotel Eines der schönsten Hotels Norwegens, 1894 im »Drachenstil« der Stabkirchen errichtet. Teuer, aber sehr stimmungsvoll, gutes Restaurant. ■ Hotellvegen 33, 3880 Dalen, Tel. 35 07 90 00, www.dalenhotel.no

Setesdal 38

€€ | Hovdestøylen Inmitten einer grandiosen Hochgebirgslandschaft bietet das Resort komfortable Hütten, Appartements und Hotelzimmer. Perfekt für alle Arten sportlicher Aktivitäten von Ski bis Golf. ■ 4756 Hovden, Tel. 37 93 88 00, visithovden.com

Sørland 39

€€ | Hotel Lyngørporten Die Ferienhausanlage zwischen Tvedestrand und Risør besteht aus mehrstöckigen modernen Holzhäusern. Wie ein norwegisches Bilderbuchdorf wirkt die Anlage direkt am Wasser. ■ 4912 Gjeving, Tel. 37 19 80 00, lyngorporten.no

Kristiansand 42

€€ | Thon Partner Hotel Parken Altes Gemäuer, moderner Komfort: In dem eleganten Hotel in der Fußgängerzone haben einige alte Holzbalken überlebt, ansonsten dominiert die Moderne. ■ Kirkegata 15, 4611 Kristiansand, Tel. 38 17 20 40, www.thonhotels.no

ADAC Das besondere Hotel

In Norwegen ist Einsamkeit leicht zu finden. Aber für einen speziellen Urlaub kann man noch eins draufsetzen: In der Telemark, weitab von allem, schwer zu erreichen, stehen in ursprünglicher Landschaft ein paar authentisch und komfortabel eingerichtete mongolische Jurten des **Norrøna Canvas Hotel**. Ob zu zweit als Honeymooner oder als sportliche Gruppe zum Teambuilding: Der Luxusaufenthalt im Kulturenmix überrascht mit Stimmigkeit – Norwegen und die Mongolei liegen offensichtlich nicht so weit auseinander.
€€€ | Heimdalsheia, 3855 Treungen, Tel. 91 85 91 91, canvas.norrona.com

Westnorwegen, das Land zwischen Fjord und Fjell

Von Bergen, der zweitgrößten Stadt Norwegens und Kulturmetropole, zu Fjorden, Gletschern und kargen Hochebenen

Als Erste kamen die Romantiker und schwärmten von der wilden Schönheit des Fjordlandes. Heute kommen die Touristen mit der Bergenbahn, in Wohnmobilen, Bussen und Kreuzfahrtschiffen und schwärmen immer noch. Fjorde gibt es entlang der gesamten norwegischen Küste, doch nirgendwo sind sie beeindruckender als in Westnorwegen. Weit fressen sie sich ins Land, verzweigen sich zu immer engeren Armen, überragt von senkrechten Felswänden. Kurvenreiche Straßen, Fjellübergänge, die im Trollstigen kulminieren, und Fährüberfahrten sorgen für ein gemächliches Reisetempo. Lebhafte Hafenstädte wie Ålesund, Molde oder Kristiansund reihen sich wie Perlen auf einer Kette entlang der Küste. Unumstrittene Hauptrolle spielt die Westküstenstadt Bergen, einst sogar Hauptstadt des Landes.

In diesem Kapitel:

ADAC Top Tipps:

2 Bryggen, Bergen
| Architektur |

Von Bryggen haben die Kaufleute der Hanse den Handel mit Stockfisch organisiert. Die rund 60 Gebäude an der Ostseite des Hafens, von der UNESCO als Weltkulturerbe geführt, geben einen guten Einblick in längst vergangene Zeiten. 58

3 Borgund stavkyrkje
| Stabkirche |

Um 1150 erbaut, gilt sie als besterhaltene Stabkirche und wegen ihrer tief heruntergezogenen Dächer, züngeln-

der Drachenköpfe und des säulenverzierten »svalgang« als Meisterwerk. Nach ihrem Vorbild wurden andere Kirchen bei Sanierungen in den Originalzustand zurückgebaut. 65

4 Jostedalsbre

| Gletscher |

Auch der mit einer Fläche von knapp 500 km² größte europäische Festlandsgletscher schmilzt unter dem Klimawandel, was man sehr eindrücklich am Rückzug seiner Zungen sehen kann. 66

5 Geirangerfjord

| Fjord |

Der nur wenige Kilometer lange Fjord zählt zum Weltnaturerbe. Seine Schönheit offenbart sich auf einer Schifffahrt oder aus der Vogelperspektive von einem der Aussichtspunkte an seinen Ufern. 69

ADAC Empfehlungen:

9 Preikestolen

| Aussichtspunkt |

Ein Blick aus 600 m Höhe von der Felskanzel auf den türkisfarbenen Lysefjord ist unvergesslich. 52

10 Vøringfoss

| Wasserfall |

Norwegen hat zahlreiche Wasserfälle, der Vøringfoss am Westrand der Hardangervidda zählt mit zu den spektakulärsten. 55

11 Hurtigruten

| Schifffahrt |

Die schönste Seereise der Welt soll es sein. Die bunten Werbeprospekte übertreiben nicht. 62

12 Norwegen in Miniatur

| Naturschauspiel |

Kann man Norwegen an einem einzigen Tag erleben? Besser als auf einer Fahrt von Voss durch Fjorde und hinauf aufs Fjell geht es kaum. 63

13 Ålesund

| Stadtbild |

Norwegens einzige Jugendstilstadt würde es nicht geben ohne den verheerenden Brand von 1904. 67

14 Runde

| Naturschutzgebiet |

Auf der Vogelinsel kann man dem Spektakel der Vögel lauschen und ihnen in die Kinderstube schauen. 69

11 Stavanger

Moderne Großstadt mit dem Hauch der weiten Welt

Die schmalen Gassen der Altstadt von Stavanger werden von Holzhäusern gesäumt

Information

- Stavanger Turistinformasjon, Strandkaien 61, 4005 Stavanger, Tel. 51 85 92 00, www.fjordnorway.com/en/destinations/the-stavanger-region
- Parken siehe S. 51

Dank des Ölbooms, der Anfang der 1970er-Jahre einsetzte, gehört Stavanger (146 000 Einw.) zu den reichsten und auch teuersten Städten des Landes. In der rasant gewachsenen und inzwischen viertgrößten Stadt des Landes hat sich das Nachtleben ebenso sprunghaft entwickelt wie die Zahl der feinen Restaurants.

Die Stadtgeschichte, die 1125 mit dem Bau des Doms begann, war voller Krisen. Im 17. Jh. brach die Pest gleich zweimal aus, 1633 brannten rund zwei Drittel Stavangers nieder, 1695 wütete eine Typhusepidemie, und auch in den folgenden Jahrhunderten gab es rund ein halbes Dutzend verheerende Brände. Erst im 18. Jh. brachte die Heringsfischerei einen wirtschaftlichen Aufschwung, später dann die Schifffahrt und die Konservenindustrie.

Das Zentrum der Stadt schmiegt sich um den Gästehafen Vågen, hier gibt es viele Lokale und Freiluftrestaurants, die oft bis auf den letzten Platz gefüllt sind. Westlich vom Vågen liegt die Alt-

Plan S. 51

stadt Gamle Stavanger mit ihren 170 denkmalgeschützten Holzhäusern. Lange Jahre verfiel das Viertel, bis 1975 ein Projekt zur Sanierung gestartet wurde. Heute bilden die Häuser aus dem 18. und 19. Jh. eines der schönsten Holzhausviertel Norwegens. 2008 präsentierte sich Stavanger neben Liverpool als Europäische Kulturhauptstadt.

Sehenswert

1 Domkirke

| Dom |

So gut wie alle Katastrophen unbeschadet überstanden hat die um 1150 vollendete Domkirche oberhalb des Hafens. Neben dem Nidaros-Dom in Trondheim ist sie der bedeutendste mittelalterliche Sakralbau des Landes. Das Langhaus der dreischiffigen Basilika ist ein Musterbeispiel romanischer Baukunst, ihr Inneres, mit großer Kanzel, vielen Epitaphen und Grabsteinen, stammt größtenteils aus dem Barock.

■ Domkirkeplassen, Mo–Sa 11–16 Uhr

2 Stavanger Kulturhus Solveberget

| Kulturzentrum |

Das Kulturhaus beherbergt Galerie und Bibliothek sowie mehrere Kinos. Dem Besucher bietet sich ein vielfältiges Veranstaltungsprogramm, das von Tanz über Musik bis Theater reicht. In unmittelbarer Nähe kann man dem Shoppen frönen und sich in diversen Restaurants und Cafés stärken.

■ Sølvberggata 2, www.sølvberget.no

3 Norsk Oljemuseum

| Museum |

Modern, wegen seiner silbrig schimmernden Außenhaut fast schon futuristisch wirkt das Ölmuseum direkt am Hafen, das einer Ölbohrplattform nachempfunden ist. In dem preisgekrönten Museum erfährt man alles über Erdgas und Erdöl, von der Entstehung über die Förderung bis zur Verarbeitung. Multimedia-Installationen, Modelle und ein 3D-Film vermitteln einen realistischen Eindruck von der Arbeit auf einer Ölplattform.

■ Kjeringholmen 1A, www.norskolje.museum.no, Juni–Aug. tgl. 10–19, sonst Mo–Sa 10–16, So bis 18 Uhr, 150 NOK, Kinder 75 NOK

ADAC Wussten Sie schon?

Der englische Künstler **Antony Gormley** hat 23 rostige, je 1,95 m große Statuen nach seinem Abbild gefertigt und sie in Stavanger aufgestellt. Das Besondere daran: Jede Statue steht genau 1,95 m tiefer als die vorhergehende. Im Touristenbüro gibt es eine Karte, auf der alle Standorte eingezeichnet sind.

4 Maritime Museum

| Museum |

In mehreren restaurierten Kaufmannshöfen mitten in der Altstadt informiert das Maritime Museum über die Stadtgeschichte und die Reederfamilie Monsen. Zum Museum gehören auch zwei Segelschiffe: der Küstensegler »Anna af Sand« von 1848 und die Colin Archer-Yacht »Wyvern« von 1897.

■ Strandkaien 22, www.stavangermaritimemuseum.no, Mitte Mai–Mitte Sept. Di, Mi, Fr 11–16, Do bis 19, Sa, So bis 16 Uhr, sonst Di–Fr 11–15, Sa, So bis 16 Uhr, 140 NOK, bis 18 J. frei

5 Norsk Hermetikkmuseum

| Museum |

Von 1880 bis 1920 war die Konservenindustrie Stavangers Haupterwerbszweig. Einsalzen, Räuchern, Verpacken, Versiegeln, alles wurde in Handarbeit erledigt. Neben den ca. 50 Konservenfabriken gab es viele Zuliefererbetriebe, rund zwei Drittel der Bevölkerung waren von den Sardinen abhängig. Das Einlegen der Fische in die Dosen wurde von Frauen verrichtet. Im Haus befindet sich auch das Norsk Grafisk Museum.

■ Øvre Strandgate 88, www.iddismuseum.no, Di, Mi, Fr 11–15, Do bis 19, Sa, So bis 16 Uhr, 140 NOK, bis 18 J. frei

6 Ledaal

| Museum |

Das Herrenhaus Ledaal wurde um 1800 als Sommerresidenz für die Patrizierfamilie Kielland gebaut. Heute dient es als Museum, königliche Residenz und Repräsentationsort der Stadt. Erbauer war der Urgroßvater des Schriftstellers Alexander Kielland. Im ersten Stock befindet sich eine Bibliothek zur Erinnerung an den Dichter, in seinen Romanen findet Ledaal unter der Bezeichnung »Sandsgård« Erwähnung. Die übrigen Räume sind mit Möbeln im Stil des Rokoko, Empire und Biedermeier eingerichtet.

■ Eiganesveien 45, www.ledaal.no, Juni–Aug. tgl. 11–16 Uhr, 100 NOK, bis 18 J. frei

7 Villa Breidablikk

| Museum |

1880–1882 ließ sich die wohlhabende Reederfamilie Berentsen dieses Haus im Schweizer Stil erbauen. Es ist ein Zeugnis der luxuriösen Lebensweise der damaligen Bourgeoisie, eingerichtet ist das Haus im sogenannten »klunkestil«. Seit dem Tod der letzten Berentsen-Erbin gehört Breidablikk mit einer Büchersammlung und Gemälden zum Stavanger Museum.

■ Eiganesveien 40a, www.breidablikkmuseum.no, Juni–Aug. tgl. 11–16 Uhr, 140 NOK, bis 18 J. frei

8 Stavanger Kunstmuseum

| Museum |

Im Park am Mosvatnet, rund 3 km südwestlich des Zentrums, beherbergt das moderne gläserne Ausstellungsgebäude mit seinen geschwungenen Dächern und Kuppeln eine umfangreiche Sammlung norwegischer Malerei ab 1900. Eine Dauerausstellung ist dem aus Stavanger stammenden romantischen Landschaftsmaler Lars Hertervig (1830–1902) gewidmet.

■ Henrik Ibsens gate 55, www.stavangerkunstmuseum.no, Di, Mi, Fr 11–15, Do bis 19, Sa, So bis 16 Uhr, sonst Di–So 11–16, Do bis 19 Uhr, 140 NOK, bis 18 J. frei

Verkehrsmittel

Die Innenstadt mit den meisten Sehenswürdigkeiten ist so klein, dass man sie gut zu Fuß erkunden kann.

Parken

Stavanger hat eine Vielzahl meist kleinerer **Parkplätze**, die in der Regel von Mo–Fr 8–18/20 und Sa 8–16 Uhr kostenpflichtig sind. Die Höchstparkdauer beträgt meistens 1–3 Std. Pro Stunde werden in Zentrumsnähe 13–29 NOK fällig. Auch in Stavanger gilt: Je weiter man vom Zentrum entfernt parkt, desto günstiger wird es.

Restaurants

€€ | Bølgen & Møi Das Museumscafé im Ölmuseum bietet mittags kleine Gerichte, abends wird hochpreisiger à la carte gespeist. Die Terrasse bietet einen schönen Hafenblick. ■ Kjeringholmen 1, Tel. 51 93 93 51, www.bolgenogmoi.no, Di–Sa 12–22 Uhr, Plan S. 51 c1

€€€ | Restaurant SÖL Auf der Karte steht nur ein Menü für 650 NOK. Die sechs bis sieben Gänge, bestehend aus saisonalen und regionalen Zutaten, werden frisch zubereitet und kreativ präsentiert – Gourmetküche zum äußerst fairen Preis. ■ Hetlandsgata 6, Tel. 97 72 22 01, www.restaurantsoel.com, Di–So 12–15, 17–22 Uhr, Plan S. 51 c2

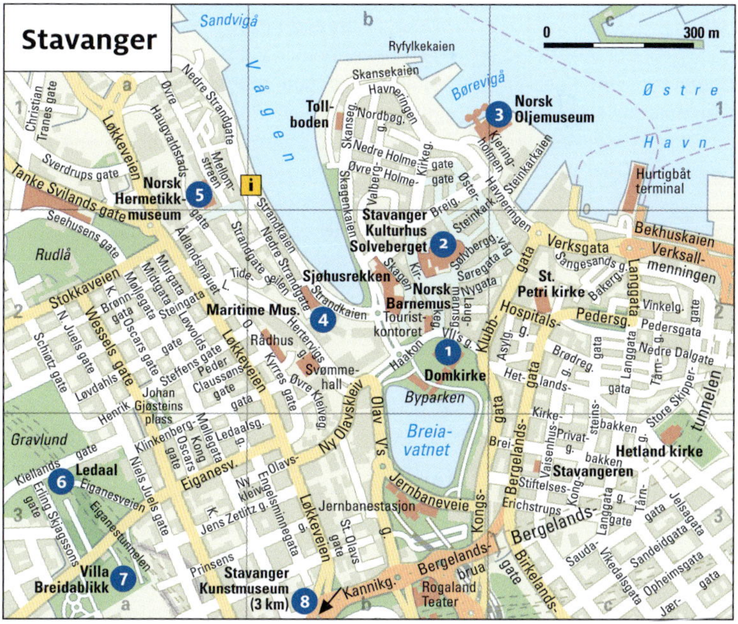

Plan S. 51

Cafés

Newsman Nyhetscafé Hier kann man kostenlos im Internet surfen, in Zeitungen schmökern oder sich Sportereignisse im TV ansehen. Dazu passen Pizza, Burger und Sandwiches. ■ Skagen 14, Tel. 51 84 38 80, www.newsman.no, Di–Fr ab 15, Sa ab 12 Uhr, Plan S. 51, b2

Einkaufen

Fischmarkt Am Ende des Skagenkaien gibt es jede Menge frischen Fisch und Meeresfrüchte. ■ Plan S. 51, b2

Kneipen, Bars und Clubs

Checkpoint Charlie Im Hard Rock Café treten fast jeden Abend Bands auf. ■ Nedre Strandgate 5, www.checkpoint.no, Mi–Sa 18–24 Uhr, Livekonzerte beginnen meist um 21 Uhr, Plan S. 51 b2

Events

Gladmat Beim Spezialitäten-Festival Gladmat, das Ende Juni rund um den Hafen stattfindet, dreht sich alles um Gaumenfreuden. ■ www.gladmat.no

In der Umgebung

Preikestolen

| Aussichtspunkt |

9 *Ein schwindelerregender Blick vom »Predigtstuhl« in die Tiefe*

Östlich von Stavanger erstreckt sich der rund 40 km lange Lysefjord, der seinen Namen – heller Fjord – den blank gescheuerten Felswänden an seinen Ufern verdankt. Ausflugsboote fahren von Stavanger in den Lysefjord und zum Fuß der Felskanzel des »Predigtstuhls«. Wer auf der Kanzel stehen möchte, hat von der Preikestolhytta eine rund zweistündige Wanderung vor sich. Doch die Mühe lohnt, denn schon die Silhouette der Felskanzel ist beeindruckend. Wer sich bis an den Rand der 25 x 25 m messenden Plattform wagt, genießt einen unvergleichlichen Blick auf die umliegenden Berge und die Wasser des gut 600 m tiefer liegenden Lysefjords.

Utstein Kloster

| Museum |

Auf der Insel Mosterøy, nördlich von Stavanger, liegt das dem hl. Laurentius geweihte Augustinerkloster aus dem 13. Jh. Heute wird das ehemalige Kloster in schöner Lage am Meer als Museum, Hotel und für Konzerte genutzt. ■ Mosterøyveien 801, www.utsteinkloster.no, Mitte Mai–Ende Aug. Mo–Sa 11–16, So 12–17, sonst nur So 12–17 Uhr, 140 NOK, bis 18 J. frei

Sverd i Fjell

| Denkmal |

Im Jahr 872 schlug Harald Hårfagre am Hafrsfjord südlich von Stavanger das Heer der Kleinkönige und schuf damit die Voraussetzung für die Reichseinigung. Zum Gedenken an dieses Ereignis wurde das Monument »Schwerter im Fels« errichtet. Es zeigt drei überdimensionale, in den Fels gerammte Schwerter.

Kinder

Kongeparken Südlich von Stavanger bietet der Vergnügungspark Kongeparken mehr als 60 Aktivitäten für die ganze Familie. ■ Kongsgata 20, 4330 Ålgård, www.kongeparken.no, Mitte Juni–Mitte Aug. tgl. 10–18 Uhr, sonst kürzer, ab 439 NOK, Kinder bis 90 cm frei

Schifffahrt und Fischerei prägten seit jeher die Stadtgeschichte Haugesunds

12 Haugesund

Fischerhäfen, Anglerparadies, Festivalstadt und regionales Zentrum

Information

■ Haugesund Turistkontor, Haraldsgata 131, 5527 Haugesund, Tel. 52 01 08 30, www.fjordnorway.com/no/destinasjoner/haugesund-haugalandet

Haugesund mit rund 37 900 Einwohnern liegt am Karmsund, der Wasserstraße zwischen der Insel Karmøy und dem Festland bei Haugesund. Diese hieß mit historischem Namen Nordvegen – Weg nach Norden – und gilt als Norwegens Namensgeber. Auch Haugesund verdankt, wie viele andere Städte Westnorwegens, seine Existenz den Heringsvorkommen vor der Küste. Das auffälligste Gebäude der Stadt ist das moderne rosafarbene Rathaus, ein Geschenk des Reeders Knut Knutsen.

Sehenswert

Karmsund Folkemuseum

| Museum |

Das Haupthaus des Regionalmuseums verfügt über Sammlungen zu Stadtgeschichte, Landwirtschaft und Schifffahrt. Ein gutbürgerliches Wohnzimmer wird ebenso ausgestellt wie ein Klassenzimmer von 1910 und der älteste Kramladen der Stadt. Insgesamt gibt es zehn Außenstellen, zu den interessantesten gehört das Dokken-Freilichtmuseum auf der Insel Hasseløy.

■ Skåregata 142, www.haugalandmuseet.no/museum/karmsund-folkemuseum, Di–Fr 11–15, Sa, So 12–15 Uhr, 70 NOK, bis 16 J. frei

Haraldshaugen

| Denkmal |

Unter dem Haraldshügel soll seit dem Jahr 930 König Harald Schönhaar begraben liegen, der die kleinen norwegischen Königreiche zu einem großen

Im Frühling und Sommer sind die Wiesen am Hardangerfjord ein Blumenmeer

geeint haben soll und ab 870 als norwegischer König regierte. Das monumentale Nationaldenkmal besteht aus 29 Obelisken, diese symbolisieren die Stämme, die Harald einte.

Events

Beliebt sind das internationale **Jazzfestival Sildajazz** (sildajazz.no) und das **Norwegische Filmfestival** (www.filmfestivalen.no), beide finden alljährlich im August statt.

In der Umgebung

Karmøy

| Insel |

Der Fischerort **Skudeneshavn** ganz im Süden der Insel Karmøy, von Haugesund über die 650 m lange Karmsundbrücke erreichbar, entstand vor rund 200 Jahren während des Heringsbooms. Viele Häuser aus dieser Zeit haben bis heute überdauert und machen Skudeneshavn zu einer der am besten bewahrten Städte Norwegens.

13 Hardangerfjord

Überragt von Schneegipfeln: Westnorwegens Obstgarten am Sonnenfjord

Information

- Odda Turistkontor, Torget 2, 5750 Odda, Tel. 48 07 07 77, www.hardangerfjord.com

Rund 170 km reicht der Hardangerfjord ins Landesinnere und verzweigt sich dabei erst spät in mehrere kleine Arme, etwa den Sørfjord und den Eidfjord. Im Mai und Juni blühen die Obstbäume an den Abhängen verschwenderisch in Weiß und Rosa, und die Wiesen am Fjordufer sind voller Frühlingsblumen, während die Berggipfel noch eine dicke Schneekappe tragen. Vor allem in Lofthus, dem Zentrum des Obstanbaus, stehen dann mehrere Hunderttausend Obstbäume in voller Blüte.

Zwischen Hardangerfjord und Sørfjord schiebt sich die Kvinnherad-Halbinsel, die zum Großteil von Norwegens drittgrößtem Gletscher, dem Folgefonna, bedeckt ist. Der Gletscher und die ihn umgebende Landschaft sind seit 2005 als Nationalpark geschützt. Größte Stadt am Sørfjord ist der Industriestandort Odda. Den schönsten Fjordblick hat man von Utne an der Nordspitze der Folgefonn-Halbinsel.

Sehenswert

Baroniet Rosendal

| Schloss |

Die vom Adligen Ludvig Rosenkrantz 1665 erbaute Baronie – ein Schlösschen mit Garten im nordischen Renaissancestil – dient heute als Museum mit Mobiliar im norwegischen Empire-Stil, Gemälden und Porzellan sowie für Kulturveranstaltungen. Im Garten blühen Rosen, Rhododendren und Dahlien, der Park hat einen alten Baumbestand. Im Salon und im Gewächshaus werden Kaffee, Kuchen und kleine Gerichte serviert.

■ Baronivegen 60, 5470 Rosendal, www.baroniet.no, Mai–Anfang Sept. Di–So 11–16, Juli–Mitte Aug. tgl. 10–17 Uhr, 150 NOK, Kinder 25 NOK, mit Führung 190/50 NOK, Garten tgl. 9–19 Uhr, Mai–Anfang Sept. 150 NOK, Kinder 25 NOK, sonst freier Zutritt

Låtefoss

| Wasserfall |

Südlich von Odda stürzt der Zwillingswasserfall Låtefoss über eine 400 m lange Wassertreppe von der Hochebene Hardangervidda in den Fjord, wobei der letzte, 165 m hohe Teil einen besonders spektakulären Anblick bietet. Das Naturschauspiel befindet sich an der Fernverkehrsstraße Rv 13, eine steinerne Bogenbrücke führt direkt über die Wasserfälle.

Vøringfoss

| Wasserfall |

10 *Wasserfall mit Regenbogen am Westrand der Hardangervidda*

Das Måbødal führt vom Fjord hinauf auf die Hochebene Hardangervidda. Unterwegs kommt man zu Norwegens bekanntestem Wasserfall Vøringfoss. Mehrere Aussichtsplattformen bieten einen Blick von oben auf den 182 m hohen Wasserfall, über dem sich oft Regenbögen bilden. Außerdem überspannt die Schlucht seit 2020 eine fast 50 m lange spektakuläre Treppenbrücke.

Verkehrsmittel

Fjordcruise Von Mai bis Sept. verkehrt tgl. ein Schiff zwischen Nordheimsund und Eidfjord und läuft unterwegs zahlreiche Orte und Sehenswürdigkeiten an. ■ Norled AS, Børehaugen 1, Stavanger, Tel. 51 86 87 00, www.norled.no

Sport

Fonna Glacier Ski Resort Auf dem Folgefonna-Gletscher (1200 m) befindet sich ein Sommerskizentrum mit Pisten und Loipen. ■ www.visitfonna.no

Wandern

Kinsotal Kinsarvik ist Ausgangspunkt für eine Tageswanderung auf die Hardangervidda. Das Kinsotal gehört mit seinen vier Wasserfällen zu den wildesten Tälern Westnorwegens.

Trolltunga Die Trollzunge in der Nähe von Odda ist eine ca. 10 m lange horizontale Felsnase. Von Skjeggedal führt eine anspruchsvolle Hochgebirgswanderung in 10–12 Std. zur Zunge. Im Sommer gibt es geführte Wanderungen (www.trolltunga-active.com).

14 Bergen

Zweitgrößte Stadt Norwegens mit dem Flair der Hansezeit

Zu Füßen der umgebenden Hügel erstreckt sich das Postkartenidyll Bergen

Information

■ Turistinformasjonen i Bergen, Strandkaien 3, 5012 Bergen, Tel. 55 55 20 00, www.visitbergen.com

■ Parken siehe S. 59

In Bergen (289 300 Einw.) erinnert vieles an die Hansezeit. Doch die quirlige Universitätsstadt lebt keineswegs in der Vergangenheit, rund zehn Prozent der Bevölkerung sind Studenten und geben ihr ein jugendliches Ambiente. Eine wunderbare Lage, viele interessante Museen und die Nähe zum Fjordland locken viele Besucher an. Die lassen sich, ebenso wie die Einheimischen, auch nicht davon die Laune verderben, dass Bergen den Ruf der Regenhauptstadt Norwegens hat.

Die Wurzeln der Stadt reichen bis in die Wikingerzeit zurück. Dank seines geschützten Hafens und der günstigen geografischen Lage kontrollierte Bergen im Mittelalter den gesamten Handel entlang der norwegischen Küste und war zudem Königsresidenz, Hauptstadt und Bischofssitz. 1350 eröffnete die Hanse ihre erste Handelsstation mit eigenen Handwerkern und Kaufleuten am Hafen, die sie Tyskebryggen – Deutsche Brücke – nannte, mit den farbenfrohen Häuserfassaden eine der attraktivsten Sehenswürdig-

Plan S. 58

keiten der Stadt. Erst als die deutsche Hanse im 16. Jh. das Monopol des Stockfischhandels verlor, begannen schwierigere Zeiten für Bergen.

Das Zentrum schmiegt sich bis heute fotogen um das Hafenbecken Vågen, wie in einem Amphitheater ziehen sich die Häuser die Hügel hinauf. Trotz zahlreicher verheerender Brände besitzt die Stadt noch immer viele alte Holzhäuser, besonders im Stadtteil Sandviken, im Nordosten Bergens, und auf der Halbinsel Nordnes. Sie zählen zu den bevorzugten Wohnlagen, werden liebevoll gepflegt und tragen zu dem Gefühl bei, in der schönsten Stadt Norwegens zu leben.

Sehenswert

1 Torget

| Platz |

Den Mittelpunkt der Stadt bildet der Marktplatz am Ende des Hafenbeckens Vågen. Vom Torget sind es nur wenige Schritte bis zu den Anlegestellen der Ausflugsboote. Hier findet der alltägliche Fischmarkt statt. Nicht weit entfernt stehen das Denkmal des in Bergen geborenen Dichters Ludvig Holberg (1684–1754) und die Börse mit ihrer markanten Fassade. Geht man vom Markt nordwärts, kommt man zur Talstation der Fløibahn.

2 Det Hanseatiske Museum

| Museum |

Das Hanseatische Museum befindet sich in einem weitgehend original erhaltenen Hansehof mit zwei Kaufmannsstuben. Die Ausstellung zeigt,

ADAC Mittendrin

Der **Fischmarkt** am Hafenbecken von Bergen ist natürlich eine Touristenattraktion ersten Ranges, deshalb werden die Köstlichkeiten des Meeres an den Verkaufsständen oft vielsprachig angeboten. Doch auch die Einheimischen kaufen hier ihren Fisch und ihre Meeresfrüchte ein, ansonsten würde die frische Ware, die massenhaft angeboten wird, nicht weggehen. Denn die meisten Touristen nehmen statt eines ganzen Fisches nur ein Stück eingeschweißten Lachs mit.

wie die Kaufleute, Gesellen und Lehrjungen von 1350 bis 1750 lebten und arbeiteten. Zum Museum gehört auch die Schøtstuene, eines der Versammlungshäuser der Hanse.

■ Finnegården 1A, hanseatiskemuseum.museumvest.no, Mitte Mai–Mitte Sept. tgl. 11–17, sonst bis 15 Uhr, Winter 120 NOK, Sommer 150 NOK, bis 18 J. frei

3 Bryggen

| Architektur |

2 *Wie zu Zeiten der Hanse: bunte Holzhäuser und schmale Gassen*

An der Ostseite des Hafenbeckens liegt Bryggen, das ehemalige Viertel der deutschen Hanse und beliebtestes Fotomotiv der Stadt. Die Holzhäuser entstanden nach dem Großbrand von 1702 und werden von der UNESCO als Weltkulturerbe geführt. Die lückenlose Front der Giebel zeigt zum Hafenbecken, zwischen den windschiefen Häusern führen schmale Gassen ins Herz von Bryggen. In den alten Lagerhäusern werden heute statt Stockfisch vor allem Norwegerpullover, Schmuck und Antiquitäten verkauft.

4 Mariakirken

| Kirche |

Die Marienkirche aus dem 12. Jh. gilt als ältestes Bauwerk der Stadt, das Gotteshaus wurde nach dem Vorbild des Speyrer Doms aus Naturstein erbaut. Die Kanzel und der Flügelaltar im Chor wurden in Deutschland gefertigt, noch bis ins 19. Jh. wurden die Gottesdienste in deutscher Sprache abgehalten, die von den dort ansässigen deutschen Hansekaufleuten besucht wurden.

■ Dregsallmenningen 15, www.kirken.no/bergendomkirke, Fr 12–14 Uhr, So 11 Uhr Messe, 75 NOK, bis 16 J. frei

5 Håkonshalle und Rosenkrantztårnet

| Architektur |

Die Håkonshalle wurde im 13. Jh. von König Håkon Håkonsson als Gildehalle errichtet, der Rosenkrantzturm stammt aus dem 16. Jh. und diente einst als Verteidigungsturm und Residenz für den Lehnsherrn Erik Rosenkrantz. In den Ausstellungsräumen des Turms, von denen man eine schöne Aussicht auf die Stadt genießt, werden ein Modell der Festung Bergenhus sowie Schwerter und Uniformen gezeigt. Der Festsaal der Håkonshalle wird für Konzerte und Staatsempfänge genutzt.

■ Bergenhus, bymuseet.no/museer, Mitte Mai–Mitte Sept. tgl. 10–15 Uhr, sonst kürzer, 120 NOK, bis 17 J. frei

6 KODE

| Museum |

Am Ufer des Lille Lungegårdsvann wurden vier Museen unter dem Begriff KODE zusammengefasst. KODE 1 (Nordahl Bruns gate 9) präsentiert Kunsthandwerk, Design, eine Porzellansammlung und Silber. KODE 2 (Rasmus Meyers allé 3) zeigt zeitgenössische Kunst. KODE 3 (Rasmus Meyers allé 7) widmet sich norwegischen Künstlern des 18. und 19. Jh. KODE 4 (Rasmus Meyers allé 9) stellt bekannte europäische Künstler aus.

■ www.kodebergen.no, Kode 1–4: Mai–Sept. Di, Do–So 10–17, Mi 10–20, sonst Di, Mi, Fr 10–16, Do bis 20, Sa, So 11–17 Uhr, 150 NOK, bis 18 J. frei, das Ticket gilt für alle vier Museen

7 Akvariet

| Aquarium |

Im Aquarium an der Spitze der Nordnes-Halbinsel kann man sich die Flora und Fauna der norwegischen Küstengewässer anschauen, es tummeln sich hier aber auch einige Tropenbewohner. Höhepunkt eines Besuchs sind die Fütterungen der Seehunde und Pinguine. Auch eine Krokodilfütterung steht auf dem Programm.

■ Nordnesbakken 4, www.akvariet.no, Mai–Aug. tgl. 9–18, sonst tgl. 10–18 Uhr, 345 NOK, bis 2 J. frei, 3–15 J. 220 NOK

Parken

Am besten stellt man sein Auto in einem der folgenden Parkhäuser ab: **By Garasjen** (Fjøsangerveien 4, 24 NOK/Std., max. 150 NOK/Tag) oder **Solheims Garasjen** (Solheimsgaten 29, 6–24 Uhr, 25 NOK/Std.). Alle Infos zum Parken in Bergen: www.bergenparkering.no

Restaurants

€–€€ | Café Opera Hier gibt es Kaffee, Livemusik, Lesungen, Kunst, Wein, Bier und kleine Gerichte. In dem gemütlich eingerichteten weißen Holzhaus beim Theater treffen sich Jung und Alt. ■ Engen 18, Tel. 55230315, www.cafeopera.org, Mo–Mi 11–23.30, Do 11–1.30, Fr, Sa 11–3, So 12–23.30 Uhr, Plan S. 58 b3

ADAC Spartipp

Die **Bergen Card** (erhältlich in der Tourist Information oder online) gewährt freien oder reduzierten Eintritt in Museen und Sehenswürdigkeiten sowie Rabatte bei Kino und Theater sowie einigen Restaurants, außerdem freie Fahrt im öffentlichen Nahverkehr. Die Karte gilt 24, 48, 72 oder 96 Std. (Erw. 380/460/540/620 NOK, Kinder 3–15 J. 100/130/160/190 NOK).

€€ | Ulriken kafé Von der Terrasse des Cafés des höchsten Hausberges von Bergen bietet sich ein weiter Blick auf die Stadt und das Meer. Wie wäre es mit einem typisch norwegischem Spekemat oder der nicht minder beliebten Zimtschnecke? ■ Ulrikens topp, Haukelandsbakken 40, ulriken643.no/kafe, Mai–Sept. tgl. 9–23 Uhr, sonst kürzer, Plan S. 58 südöstl. c3

€€€ | Restaurant 1877 Im ehemaligen Fleischmarkt speist man rustikal, aber exquisit. Angeboten werden mehrgängige Menüs. ■ Kjøttbasaren, Vetrlidsallmenning 2, Tel. 92 87 18 77, www.restaurant1877.no, Mo–Sa ab 18 Uhr, Plan S. 58 c2

Einkaufen

Oleana Große Auswahl an Strickwaren made in Norway, traditionell und trotzdem hochmodern. ■ Strandkaien 2a, www.oleana.no, Plan S. 58 c2

Juhl's Silvergallery Silberschmuck, nach samischer Tradition. ■ Bryggen 39, www.juhls.no, Plan S. 58 c2

Kneipen, Bars und Clubs

Apollon Viel mehr als ein gut sortierter Schallplattenladen. Nette Bar mit – für norwegische Verhältnisse – preiswertem Bier. Von Pop über Rock bis hin zu elektronischer Musik spielen hier bis zu 70 Bands im Jahr, die Konzerte sind kostenlos. ■ Nygårdsgaten 2A, www.apollon.no, tgl. bis 24 Uhr, Plan S. 58 c3

Events

Festspillene i Bergen Höhepunkt des Kulturjahres sind die Festspiele im Mai und Juni. Auf dem Programm stehen Theater und Musik. Wer teilnehmen möchte: unbedingt rechtzeitig Karten besorgen. ■ Tel. 55 21 06 30, www.fib.no

Bergen Matfestival Anfang September verwandeln sich die Festung Bergenhus, Torgalmeningen und der Bypark in eine Gourmetmeile. Lokale Produzenten sorgen für Gaumenfreuden, auch viele Restaurants bieten Außergewöhnliches. ■ matfest.no

Erlebnisse

Führungen durch Bryggen – auch auf Deutsch – von Juni bis August ab Bryggen Museum. **Hafenrundfahrten** und **Fjordfahrten** ab dem Fischmarkt. Mit »Norway in a Nutshell« kann man einen Tagesausflug ins Fjordland machen.

Sport

Stoltzekleiven Vom Fjellveien Nr. 13 führen rund 800 Stufen auf den Hausberg Sandviksfjellen. Als Belohnung

ADAC Mobil

Die **Bergenbahn** verbindet die Hauptstadt Oslo mit der Westküstenhauptstadt Bergen und zählt zu den schönsten Bahnstrecken Skandinaviens. Für die gut 500 km braucht der Zug rund 7 Std. Dabei geht es durch mehr als 180 Tunnel und über 300 Brücken. Den Höhepunkt bildet die Überquerung der baumlosen Hochebene Hardangervidda, dort liegt mit Finse Norwegens höchster Bahnhof (1222 m ü. d. M.). Besonders im Winter kann die Fahrt mit der Bergenbahn wegen der oft meterhohen Schneeverwehungen zu einem kleinen Abenteuer werden.
www.vy.no

gibt es einen schönen Blick auf den Stadtteil Sandviken und den Byfjord. Unterwegs trifft man Einheimische, die hier ihr Fitnessprogramm absolvieren.

In der Umgebung

Gamle Bergen

| Freilichtmuseum |

Auf dem ehemaligen Landsitz Elsero befindet sich heute das Freilichtmuseum Gamle Bergen (Alt-Bergen) mit mehr als 50 historischen Holzhäusern. Man schlendert durch mit Kopfsteinen gepflasterte Gassen, viele Häuser sind originalgetreu eingerichtet und beherbergen arbeitende Werkstätten.

■ Nyhavnsveien 4, www.bymuseet.no, Mitte Mai–Aug. tgl. 11–16, 140 NOK, bis 17 J. frei

Ulriksbanen

| Aussichtspunkt |

Von der Bergstation (607 m ü. d. M.) hat man einen weiten Blick über Stadt, Berge, Fjord und Schärenküste und kann auf markierten Wanderwegen die Umgebung erkunden.

■ Haukelandsbakken 40, ulriken643.no, tgl. 9–23 Uhr, Bahn einfach 210 NOK, Kinder 100 NOK, Berg- und Talfahrt 365 NOK/ 150 NOK, Bustransfer vom Torgalmeningen 100/50 NOK

Fantoft Stavkirke

| Stabkirche |

Die Stabkirche südlich von Bergen hat eine wechselhafte Geschichte: um 1150 in Fortun am Sognefjord errichtet, 1883 zerlegt und in Fantoft erneut aufgebaut, 1993 durch Brandstiftung fast komplett zerstört, danach originalgetreu rekonstruiert.

■ Fantoftveien 46, fantoftstavkirke.no Mitte Mai–Mitte Sept. tgl. 10.30–18 Uhr, 75 NOK, Kinder 35 NOK

Im Blickpunkt

Köstliches aus dem Meer

Fisch und Meeresfrüchte findet man auf jeder Speisekarte, und da es vom Kutter bis in die Küche nie weit ist, kommt in der Regel nur frische Ware auf den Tisch. Lachs gebraten, gedünstet, gegrillt oder geräuchert ist immer eine gute Wahl, vor allem wenn es sich um Wildlachs handelt. Aber auch »gravet laks«, roh mit Pfeffer, Salz und Dill 24 Stunden lang eingelegt, ist ausgesprochen lecker. Für den Alltagshunger sind »fiskeboller«, »fiskepudding« und »fiskekaker« gedacht, fein zerkleinerter Fisch, der mit Kartoffeln gebunden wird. »Skrei«, der arktische Winterkabeljau, schmeckt am besten, wenn im hohen Norden die Polarlichter über den Himmel flackern. Königskrabben begeistern nicht nur durch ihre Größe, gekocht oder gebraten zählt ihr Beinfleisch zu den kulinarischen Highlights. »Lutefisk«, das traditionelle Weihnachtsessen, ist nicht jedermanns Geschmack, denn der luftgetrocknete Dorsch wird vor der Zubereitung in einer Lauge rehydriert und erhält dadurch eine gelatineartige Konsistenz.

Troldhaugen

| Architektur |

In der Villa Troldhaugen lebte der Komponist Edvard Grieg zusammen mit seiner Frau Nina von 1885 bis zu seinem Tod im Jahr 1907. Speise- und Wohnzimmer sind noch original eingerichtet, den Steinway-Flügel erhielt das Ehepaar zur Silberhochzeit. In einer Felswand am See fand Grieg seine letzte Ruhestätte. Im Konzerthaus Troldsalen finden regelmäßig Konzerte statt.

■ Troldhaugveien 65, 5232 Paradis, www.griegmuseum.no, Di–So 10–17 Uhr, 130 NOK, bis 18 J. frei, Konzertprogramm auf der Webseite

Museet Lysøen

| Museum |

Der exzentrische norwegisch-amerikanische Geiger und Komponist Ole Bull (1810–1880) ließ sich südlich von Bergen auf der Insel Lysøy eine Traumvilla bauen. Mit ihren Zwiebeltürmen und orientalischen Verzierungen gleicht sie einem Märchenschloss. Die Villa ist nur mit dem Boot zu erreichen: Abfahrt ab Sørstraumen zu jeder vollen Stunde.

■ 5215 Lysekloster, www.lysoen.no, das Museum ist zu Redaktionsschluss wegen Renovierung geschl.

Lysekloster

| Kloster |

1146 von englischen Zisterziensermönchen gegründet, war Lysekloster bis zur Reformation, als es vom dänischen König Christian III. säkularisiert wurde, das größte Kloster Norwegens. In den darauf folgenden Jahrhunderten wurden große Teile des Klosters abgetragen und unter anderem als Steinbruch für den Rosenkrantzturm in Bergen genutzt. Die Ruinen südlich von Bergen sind für Besucher frei zugänglich.

15 Hurtigruten

11 *»Die schönste Seereise der Welt« an Norwegens Westküste*

Hurtigruten, »die schnelle Route«, verbindet seit 1893 die Orte an der norwegischen Westküste. Heute legen die kombinierten Passagier-, Fracht- und Kreuzfahrtschiffe auf der Strecke zwischen Bergen und Kirkenes in 34 Häfen an. Einst auch als Postschifflinie gegründet, befördern die Schiffe schon seit 1984 keine Briefe und Pakete mehr. Trotz der 2500 Seemeilen langen Reise durch ein Gewirr von Inseln und Schären, trotz Nebel, Sturm oder Polarnacht sind die Hurtigruten ein Inbegriff der Zuverlässigkeit. Auf die Minute pünktlich legen die Schiffe in Bergen für die zwölftägige Reise in den hohen Norden ab und kehren genauso pünktlich wieder zurück nach Bergen. Die ersten Hurtigruten-Schiffe besaßen noch einen herben Charme, waren eher Frachter als Luxusliner, heute gleicht die modernste Generation komfortablen Kreuzfahrtschiffen. Die Tour mit den ehemaligen Postschiffen wird als »schönste Seereise der Welt« vermarktet.

■ Große Bleichen 23, 20354 Hamburg, Tel. 040 87 40 73 78, www.hurtigruten.de, Hafenadresse in Bergen: Hurtigruteterminalen, Nøstegate 30, 5010 Bergen

16 Voss

Aktivurlaub zwischen Hardanger- und Sognefjord

Information

■ Voss Turistinformasjon, Evangervegen 3, 5704 Voss, Tel. 40 61 77 00, www.visitvoss.no

Mitten zwischen den beiden größten Fjorden Norwegens, dem Sognefjord und dem Hardangerfjord, liegt Voss. Zu den wenigen Bauwerken, die in dem 7000-Seelen-Ort den Zweiten Weltkrieg überstanden haben, zählen die gotische Vangskirche aus dem späten 13. Jh. und das Fleischer's Hotel im Schweizerstil mit seiner wunderschönen Belle-Époque-Fassade. Sport wird in und um Voss groß geschrieben. Im Winter finden Skifahrer und Langläufer Pisten und Loipen, und im Sommer bieten diverse Veranstalter so gut wie jede Outdoorsportart an.

Sehenswert

Mølstertunet

| Freilichtmuseum |

Das Freilichtmuseum besteht aus einem Hofkomplex mit rund einem Dutzend Gebäuden, die die traditionelle Baukunst und die Lebensweise der Menschen vom 17. bis zum 19. Jh. widerspiegeln. Die Hofgebäude, die hoch oben am Hang liegen, wurden noch bis 1927 genutzt und stehen alle an ihrem originalen Standort.

■ Mølstervegen 143, www.vossfolkemuseum.no, Mitte Mai–Aug. tgl. 10–17, sonst Mo–Fr 10–15, So ab 12 Uhr, 90 NOK, bis 15 J. frei

Erlebnisse

12 **Norwegen in Miniatur** Unter dem Namen »Norway in a Nutshell« kann man diverse Touren buchen, die einem die landschaftliche Vielfalt Norwegens vor Augen führen und in Oslo, Bergen, Flåm oder Voss starten; meistens sind es Tagestouren. Eine typische Tagestour von Voss führt mit dem Bus nach Gudvangen, dann mit dem Schiff durch den Nærøyfjord. Von Flåm am Aurlandsfjord geht es mit der Flåmbahn ins Gebirge nach Myrdal, wo man in die Bergenbahn steigt und nach Voss zurückfährt.

■ www.norwaynutshell.com, ganzjährig, ab 1595 NOK, Norway in a Nutshell bietet landesweit viele weitere Ausflüge an (s. Webseite)

Das Postschiff »Trollfjord« der Hurtigruten fährt an Norwegens Küste im Linienverkehr

Sport

Rallarvegen Beim Bau der Bahnlinie Oslo-Bergen wurde das Material auf dem »Rallarvegen« transportiert. Heute wird die Trasse über die Hardangervidda von Radfahrern genutzt. Von Ustaoset oder Haugastøl kann man über Finse (1222 m) hinunter nach Flåm am Sognefjord fahren. Mit der Flåmbahn geht es dann wieder hinauf nach Upsete und per Rad weiter nach Voss.

17 Sognefjord

Der König der Fjorde, 200 km lang und sich mehrfach verästelnd

Information

■ Visit Sognefjord, Bryggjegota 6, 6856 Sogndal, Tel. 99 23 15 00, www.fjordnorway.com/no/destinasjoner/sogndal

■ Balestrand Turistinformasjon, Holmen 3, 6899 Balestrand, Tel. 94 87 75 01, www.fjordnorway.com/no/destinasjoner/sognefjord

Gut 200 km dringt der Sognefjord mit seinen vielen sich mehrfach verästelnden Seitenarmen ins Landesinnere vor, damit ist er der längste Fjord Europas, auch seine größte Tiefe von mehr als 1300 m erreicht kein anderer. Seine Arme reichen bis zu den Ausläufern von Hardangervidda, Jotunheimen und Jostedalsbre. Vor allem die kleinen Fjordarme weiter im Landesinnern mit ihren oft senkrechten Felswänden bieten spektakuläre Anblicke. Das milde Klima und die malerischen Orte vor schneebedeckten Bergen machen den besonderen Charme der Region aus. Balestrand zog wegen seiner verkehrsgünstigen Lage am Fjord schon Mitte des 19. Jh. Reisende an. Auch Kaiser Wilhelm II. war hier häufig zu Gast. Vor allem Kvikknes Hotel mit der reich verzierten Holzfassade und einige prächtige Künstlervillen erinnern an die große Vergangenheit.

Sehenswert

Hopperstad Stavkyrkje

| Stabkirche |

Weithin sichtbar auf einem Hügel thronend, gilt die um 1130 erbaute Stabkirche wegen ihrer Drachenköpfe, des Umgangs und des reich verzierten Westportals als eine der ursprünglichsten. Im Innern des Gotteshauses sind 16 Masten mit Würfelkapitellen und Andreaskreuzen zu erkennen.

■ www.stavechurch.com, Mitte Mai–Mitte Sept. tgl. 10–17 Uhr, 80 NOK, Kinder 60 NOK

Nærøyfjord und Aurlandsfjord

| Fjord |

Beide Seitenarme des Sognefjords zählen zu den wildesten und schönsten Fjorden Norwegens. Der Nærøyfjord ist 17 km lang und an der schmalsten Stelle nur 250 m breit, eingerahmt wird er von über 1000 m hohen Felswänden. Am Aurlandsfjord liegen die Orte Aurlandsvangen und Flåm. Der mit 24,5 km längste Straßentunnel der Welt verbindet Aurlandsvangen mit Lærdalsøyri. Wer mehr von der spektakulären Landschaft sehen möchte, nimmt im Sommer den Snøvegen (Schneestraße), auch Aurlandsvegen genannt, über das Gebirge.

Flåmbahn

| Eisenbahnfahrt |

Die 20 km lange Flåmbahn gilt als Meisterwerk des Eisenbahnbaus. Mehrmals täglich bewältigen Züge in dem engen Gebirgstal die 900 m vom

Im Blickpunkt

Geniestreiche mittelalterlicher Baumeister

Im Mittelalter gab es in Norwegen rund 1000 Stabkirchen, doch ab 1350, als die Hälfte der Bevölkerung an der Pest starb, wurde keine dieser hölzernen Kirchen mehr gebaut. Heute existieren nur noch gut zwei Dutzend von ihnen. Viele der Gotteshäuser wurden an alten Kult- und Opferstätten errichtet. Obwohl das Christentum längst über den alten Glauben gesiegt hatte, findet man noch viele Verzierungen, die an die germanische Mythologie und die Sagenwelt erinnern. Der sehr kleine Eingang wurde mit einer Geisterschwelle vor dem Bösen geschützt, auch die kunstvoll geschnitzten Fabeltiere, Schlangen und Drachen sollten das Böse abwehren. Den Namen verdanken die Kirchen dem vertikalen Pfostenwerk, den Stäben, was ihnen eine gewisse Ähnlichkeit mit Wikingerschiffen verleiht. Das Äußere samt den mit Holzschindeln gedeckten Dächern muss alle paar Jahre geteert werden, wodurch das Holz immer dunkler wird und einen charakteristischen Geruch verströmt.

Fjell zum Fjord und zurück. Berühmtester Aussichtspunkt ist Vatnahalsen mit dem Blick ins Flåmtal.

■ www.norwaysbest.com/flamsbana

Borgund Stavkyrkje

| Stabkirche |

3 *Das schönste Zeugnis mittelalterlicher Kirchenbaukunst*

Sie ist die besterhaltene und berühmteste aller norwegischen Stabkirchen. Das hölzerne Gotteshaus, das an der E16 zwischen Fagernes und Sogndal liegt, wurde um 1180 erbaut und gilt wegen seiner schindelgedeckten, tief heruntergezogenen Dächer, züngelnden Drachenköpfe und des säulenverzierten »Svalgang«, einer Art Laubengang, der die ganze Kirche flankiert, als Meisterwerk. Bis auf ein nachträglich eingefügtes Fenster ist sie stilgerecht restauriert und zeigt noch heute das ursprüngliche Aussehen.

■ 6888 Borgund, www.stavechurch.com, Mitte April–Mitte Okt. tgl. 9.30–17.30 Uhr, 110 NOK, Kinder 80 NOK

Urnes Stavkyrkje

| Stabkirche |

Auf einer Landzunge im Lustrafjord erhebt sich in der kleinen Ortschaft Ornes Norwegens älteste Stabkirche. Sie wird als einzige von der UNESCO als Weltkulturerbe geführt, vor allem wegen ihres reich geschnitzten Nordportals, das noch von einer Vorgängerkirche stammt und mit Löwen, Drachen, Schlangen und Mustern verziert ist.

■ 6870 Ornes, www.stavechurch.com, Mai–Sept. tgl. 10.30–17.45 Uhr, 100 NOK, Kinder 80 NOK

Restaurants

€€ | Ciderhuset Internationale Küche mit regionalem Touch, so findet man z. B. Lachs und Tapas auf der Speisekarte. Die Spezialität ist jedoch der hausgemachte Cider, der auch im Hofladen verkauft wird. ■ Sjøtunsvegen 32, Balestrand, Tel. 90835673, www.ciderhuset.no, Anfang Juni–Mitte Juni Mo–Fr 13–18, Mitte Juni–Mitte Aug. Mo–Sa 13–21 Uhr

Blick auf den Nigardsbre und den Gletschersee Nigardsbrevatnet

18 Jostedalsbre

4 *Eisfelder und Gletschermuseen: am größten Gletscher Norwegens*

Information

■ Reisemål Stryn & Nordfjord, Perhusvegen 24, 6782 Stryn, Tel. 57 87 40 40, www.nordfjord.no

Der Jostedalsbre bedeckt eine Fläche von knapp 500 km² und ist damit der größte Gletscher auf dem europäischen Festland. Das Gletscherplateau, aus dem einige eisfreie Gipfel herausragen, liegt zwischen 1600 und 1900 m ü. d. M., von hier fließen rund zwei Dutzend Gletscherzungen zu Tal. Da um den Jostedalsbre noch viele weitere kleinere Eisfelder liegen, nennen die Norweger das Gebiet Breheimen, Heimat der Gletscher. Auf der Nordseite streckt der Nordfjord einige Seitenarme bis nahe an die Gletscherwelt. Von Süden reichen die Arme des mächtigen Sognefjords ebenfalls bis fast an das Eis. Die meisten Besucher erreichen den Jostedalsbre entweder von Norden über die Ferienorte Olden und Loen oder von Süden über Fjærland und Gaupne. Am leichtesten zugänglich sind die Gletscherzungen Briksdalsbre und Nigardsbre.

Sehenswert

Nigardsbre

| Gletscher |

Von dem Ort Gaupne am Lustrafjord fährt man durch das Jostedal bis zum See Nigardsbrevatnet, der sich im Laufe der raschen Verkleinerung des Gletschers ab 1930 gebildet hat. Von hier kann man über Felsen und Geröll bis zum Gletscherrand wandern. Das Eis der Gletscherzunge fließt vom Plateau sanft geschwungen zu Tal. Hier wird augenscheinlich, wie stark sich das Eis in den letzten Jahren durch den Klimawandel zurückgezogen hat, seit 1900 sind es mehr als 3 km.

Breheimsenteret

| Ausstellung |

Im Jostedal informiert das Gletscherzentrum über die Natur- und Kulturgeschichte des Jostedalsbre. Es gibt einen Kinosaal, in dem der Besucher auf eine Reise rund um die mächtigen Gletscher mitgenommen wird. Hier kann man auch geführte Gletschertouren sowie Kajak- und Raftingtouren auf dem Jostedalselv buchen.

■ 6871 Jostedal, www.jostedal.com, Mai, Juni, Aug., Sept. tgl. mind. 10–17, Juli 9–20 Uhr, 95 NOK, Kinder 65 NOK, bis 10 J. frei

Briksdalsbre

| Gletscher |

Von Olden kann man durch das Oldedal am Seeufer entlang bis zur Briksdalsbre Fjellstove fahren. Von hier ist es noch rund 1 Std. zu Fuß zur Gletscherzunge Briksdalsbre. Unterwegs passiert man eines der beliebtesten Fotomotive Norwegens: den tosenden Wasserfall Kleivafossen vor der spektakulären Kulisse des Gletschers.

Norsk Bremuseum

| Museum |

Das Norsk Bremuseum in Fjærland vermittelt Wissen über Gletscher und Klima. Es bietet Physik zum Anfassen mit Ausstellungen, Schautafeln und Experimenten über Gletscher und Klimawandel. Gezeigt wird auch ein Gletscherfilm im Superbreitwandformat.

■ Fjærlandsfjorden 13, 6848 Fjærland, www.bre.museum.no, Juni–Aug. 9–19, April, Mai, Sept., Okt. 10–16 Uhr, 160 NOK, Kinder 78 NOK

Restaurants

€€ | Briksdalsbre Fjellstove Cafeteria und Restaurant am Ende der Straße ins Briksdal. Richtig gemütlich wird es hier erst wieder am späten Nachmittag, wenn die Kreuzfahrtgäste fort sind. ■ 6792 Briksdalsbre, Tel. 57 87 68 00, www.briksdal.no/fjellstova

Einkaufen

Bokbyen Die »Bücherstadt« in Fjærland ist eine Fundgrube für Leseratten und Sammler. Auch der Ort lohnt wegen der schönen alten Holzhäuser und der Lage am Fjord einen Rundgang. ■ 6848 Fjærland, bokbyen.no, Mai–Sept. tgl. 11–17 Uhr

19 Ålesund

13 *Sehenswertes Juwel: die einzige Jugendstilstadt Norwegens*

Information

■ Turistinformasjonen i Ålesund, Skateflukaia, 6002 Ålesund, www.fjordnorway.com/en/destinations/alesund--geiranger

Ein verheerender Brand zerstörte 1904 mehr als 800 Holzhäuser, fast die komplette Innenstadt Ålesunds (heute ca. 55 000 Einw.). Der Wiederaufbau in Stein, den Kaiser Wilhelm II., ein großer Norwegenliebhaber, mit einer großzügigen Spende unterstützte, erfolgte im damals modernen Jugendstil. Vor allem in der Kongensgata und der Apotekergata findet man viele mit Blumenornamenten, Erkern und Türmchen verzierte Häuser. Der Stadtberg Aksla, über 418 Stufen oder über eine Autostraße zu erreichen, bietet einen schönen Blick auf die Inseln der Innenstadt, die vorgelagerten Schären und die gezackten Sunnmøre-Alpen.

Sehenswert

Jugendstilsenteret

| Ausstellung |

In der ehemaligen Svane-Apotheke, einem der schönsten Gebäude der Stadt, kann man sich multimedial über den Stadtbrand von 1904 informieren. Das Kunstmuseum KUBE nebenan zeigt wechselnde Ausstellungen. Das Café serviert guten Kaffee, hausgemachten Kuchen und kleine Gerichte.

■ Apotekergata 16, www.jugendstilsenteret.no, Mai–Okt. tgl. 11–17 Uhr, 110 NOK, bis 18 J. frei (Ticket gilt für beide Museen)

Das »Juwel« unter den norwegischen Fjorden: der Geirangerfjord

Atlanterhavsparken

| Aquarium |

Westlich vom Zentrum befindet sich eines der größten Salzwasser-Aquarien Nordeuropas. Neben Fischen und Meeresgetier aus der Nordsee leben hier auch Seelöwen und Pinguine. Täglich um 13 Uhr werden die Fische im größten Becken von Tauchern gefüttert, um 14.30 Uhr die Pinguine.

■ Tuenesvegen, www.atlanterhavsparken.no, Juni–Aug. tgl. 9–17 Uhr, sonst kürzer, 225 NOK, Kinder (3–15 J.) 100 NOK

Sunnmøre-Museum

| Museum |

Das Regionalmuseum in der Bucht Borgundkaupangen besteht aus mehreren Abteilungen: Das Mittelaltermuseum vermittelt einen Eindruck vom einstigen Leben, die Fischereiabteilung zeigt alte Boote, darunter auch eines aus der Wikingerzeit, im Freilichtmuseum sind 56 alte Häuser zu sehen.

■ Museumsvegen 1, www.vitimusea.no/musea/sunnmoere-museum, Mai–Sept. Mo–Fr 10–18, Sa, So 12–16 Uhr, 110 NOK, bis 18 J. frei

Restaurants

€€€ | Sjøbua Der Fisch wird dem Koch mit dem Kutter vor die Haustür geliefert – frischer geht es nicht. Blick aufs Wasser. ■ Brunholmgata 1A, Tel. 7012 7100, www.sjoebua.no, Di–Sa 17–23 Uhr

Events

Den Norske Matfestivalen Alljährlich richtet die Stadt drei Tagen lang im August das Gourmetfestival aus, bei dem sich beinahe alles um Fisch dreht.

■ matfestivalen.no

In der Umgebung

Runde

| Naturschutzgebiet |

14 *Das Spektakel der Seevögel auf der Insel Runde*

Die unter Naturschutz stehende Vogelinsel Runde südwestlich von Ålesund zieht Ornithologen und Naturfotografen an. Denn auf den bis zu 300 m aus dem Meer ragenden Klippen brüten Zigtausende Seevögel. Auf Wanderungen und Bootstouren kann man Papageitauchern, Dreizehenmöwen, Trottellummen, Tordalken und Basstölpeln zuschauen, ohne die Tiere zu stören.

Rosekyrkja

| Kirche |

Das Innere der Rosenkirche in Stordal, rund 60 km südöstlich von Ålesund, ist vollständig mit Gemälden bedeckt. Die Kirche wurde 1789 errichtet, doch große Teile der Inneneinrichtung stammen aus dem Mittelalter.

■ 6250 Stordal, Mitte Juni–Mitte Aug. tgl. 11–16 Uhr

20 Geirangerfjord

5 *Hier zeigen sich Fjord und Fjell von ihrer schönsten Seite*

Information

■ Geiranger Turistkontor, Geirangervegen 2, 6216 Geiranger, Tel. 70 26 30 07, www.fjordnorway.com/en/destinations/geiranger

Schon die ersten Norwegen-Reisenden schwärmten vom Geirangerfjord, daran hat sich nichts geändert. Doch heute wird der kleine Ort Geiranger im Sommer von Besuchern geradezu überschwemmt, vor allem, wenn von mehreren Kreuzfahrtschiffen Tausende Passagiere für einige Stunden an Land gehen. Der bekannteste Fjord Norwegens, der zum UNESCO-Weltnaturerbe zählt, bildet eine rund 15 km lange Fortsetzung des Sunnylvsfjords. Unterwegs wartet hinter jeder sanften Kurve ein neuer Höhepunkt: die Wasserfälle »Sieben Schwestern«, »Freier« und »Brautschleier«, aber auch Almen, die auf winzigen Felsvorsprüngen in schwindelerregender Höhe thronen.

Sehenswert

Norsk Fjordsenter

| Ausstellung |

Im Norsk Fjordsenter oberhalb von Geiranger kann man sich über Enstehung, Flora und Fauna der westnorwegischen Fjorde sowie das Welterbe Geirangerfjord informieren. Viele Tipps für Wanderungen und Aktivitäten.

■ Gjørvahaugen 35, 6216 Geiranger, www.fjordsenter.com, tgl. 9–19 Uhr, 145 NOK, Kinder (5–15 J.) 75 NOK

Ørnevegen

| Aussichtspunkt |

Der Weg von Geiranger in Richtung Norden führt auf dem Rv 63 über den steilen und serpentinenreichen Ørnevegen, »Adlerweg« – tatsächlich sind im oberen Teil der Strecke Adler heimisch. Von der obersten Schleife Ørnesvingen, »Adlerkurve«, bietet sich ein atemberaubender Blick aus der Vogelperspektive auf den Fjord.

Flydalsjuvet

| Aussichtspunkt |

Südlich von Geiranger werden vom Aussichtspunkt Flydalsjuvet die berühmten Kalendermotive gemacht.

Der imposante Blick auf Geiranger und den Fjord eröffnet sich von zwei Plateaus aus, die durch einen Weg verbunden sind. Auf dem unteren Plateau ist die Kunstinstallation »Fjordsetet« zu bewundern, auf der man Platz nehmen und die Aussicht genießen kann.

Dalsnibba

| Aussichtspunkt |

Wer noch höher hinaus will, biegt nach einigen Kilometern vom in Richtung Süden verlaufenden Rv 63 auf eine von Juni bis Oktober geöffnete, mautpflichtige Straße ab und erreicht schließlich den Parkplatz am Gipfel des 1476 m hohen Dalsnibba. Von der Aussichtsplattform mit Skywalk bietet sich eine tolle Aussicht über die Bergwelt und den Fjord.

Cafés

Geiranger Sjokolade Winziges Café mit einigen wenigen Sitzplätzen, dessen Spezialität die heiße Schokolade ist, die am Tisch zubereitet wird. Schokoladenliebhaber sollten einen Blick in die kleine Manufaktur werfen. ■ Beim Fähranleger in Geiranger, Tel. 96 72 52 05, geirangersjokolade.no, Mai–Okt., wechselnde Öffnungszeiten

ADAC Spartipp

Wer mit dem Auto unterwegs ist, kann die **Fähre** von Geiranger nach Hellesylt nehmen, kommt während der rund einstündigen Fahrt durch den Geirangerfjord – ebenso wie bei den teuren Ausflugsfahrten – an den berühmten Wasserfällen Brudesløret (»Brautschleier«) und Sju Søstre (»Die Sieben Schwestern«) vorbei und kann einen Blick auf die alten Fjordbauernhöfe werfen. Im Sommer muss man, trotz mehrerer Abfahrten täglich, mit längeren Wartezeiten rechnen.

Erlebnisse

Das Touristenbüro in Geiranger vermittelt **Fjordrundfahrten**, Kayak-, Rad- und Wandertouren. Faszinierend ist auch ein **Helikopter-Rundflug**.

In der Umgebung

Trollstigen

| Aussichtspunkt |

Ein weiterer Höhepunkt der Fahrt in Richtung Norden und Åndalsnes ist der Trollstigvegen. Elf Serpentinen bilden das Herzstück dieses Meisterwerks der norwegischen Straßenbauer, das seit 1936 durch eine der wildesten Landschaften führt. Eingerahmt wird die Straße von gewaltigen, bis zu 1600 m hohen Bergen, etwa den Trolltindane, den Trollzinnen. Der Sage nach sind es Trolle, die auf dem Weg zu einer Hochzeitsgesellschaft trödelten und bei Sonnenaufgang zu Stein erstarrten.

21 Molde

Üppig blühende Rosen vor schneebedeckten Bergen

Information

■ Visit Molde & Romsdal, Torget 4, 6413 Molde, Tel. 70 23 88 00, www.visitnorway.no/reisemal/vestlandet/nordvest/molde

Der warme Golfstrom sorgt in der Stadt (ca. 21 200 Einw.), trotz ihrer Lage auf dem 62. Breitengrad, für üppige Vegetation, vor allem zahlreiche blühende Rosen schmücken die Stadt in verschwenderischer Pracht. Deshalb trägt Molde den Beinamen »Stadt der Rosen«, den ihr der norwegische Dichter und Literaturnobelpreisträger Bjørnstjerne Bjørnson gegeben hat, der hier zur Schule ging. Architektonisch wirkt die Stadt wegen der Nachkriegsbauten hingegen recht nüchtern.

Sehenswert

Reknesparken

| Park |

Die schönste Parkanlage Moldes mit Ententeich und Blumenbeeten lädt zu einem Spaziergang ein. Vom Aussichtspunkt sieht man den Hafen und einen Teil des berühmten Molde-Panoramas aus Inseln und Gipfeln.

■ Tgl. 8–22 Uhr

Krona Romsdalsmuseet

| Museum |

Das Museumsgebäude in spektakulärer Holzarchitektur ist ein Hingucker. 2016 fertiggestellt, ließ sich der Architekt von den umliegenden Bergen zu einem Gebäude in traditioneller Holzbauweise inspirieren, das in seiner spitzen Form die Gestalt der Berge des Molde-Panoramas aufgreift. Die darin untergebrachte Dauerausstellung beleuchtet die Geschichte der Region multimedial. Zum Museum gehören rund drei Dutzend historische Gebäude, die aus dem Romsdal hierher versetzt wurden. Darunter befinden sich auch typische Stadthäuser aus Molde, die aus der Vorkriegszeit stammen.

■ Per Amdams vei 4, www.romsdalsmuseet.no, Mitte Juni–Mitte Aug. tgl. 11–17 Uhr, sonst kürzer, 120–150 NOK, Kinder (12–18 J.) 50 NOK

Events

Molde Jazzfestival Während des europaweit bekannten alljährlichen Jazzfestivals Mitte Juli platzt die Stadt aus allen Nähten; zu den mehr als 100 Konzerten kommen rund 100 000 Zuhörer. ■ www.moldejazz.no

Unterwegs von Molde nach Kristiansund passiert man die Fischersiedlung Håholmen

Erlebnisse

Varden Ein Ausflug zum Aussichtspunkt Varden (407 m ü. d. M.) lohnt wegen des Panoramas, das die zu Füßen liegende Stadt Molde umfasst, aber auch einen Ausblick auf mehr als 200 Gipfel eröffnet. Von Moldes Zentrum sind es zehn Minuten mit dem Auto, am Gipfel wartet das Restaurant Vardestua.

Gefällt Ihnen das?

Ähnlich **spektakuläre Blicke** auf Städte aus der Vogelperspektive bieten sich vom **Hausberg Fløyen** auf Bergen (S. 56), vom **Aksla** auf die Stadt Ålesund (S. 67) und vom **Storsteinen** auf Tromsø (S. 108), die Pforte zum Eismeer.

22 Kristiansund

Die Stadt erlangte Reichtum durch Öl, Gas und Klippfisch

Information

■ Destination Kristiansund & Nordmøre, Kongens Plass 1, 6509 Kristiansund, Tel. 70 23 88 00, www.visitnorway.no/reisemal/vestlandet/nordvest/kristiansund

Fischfang und Export von Klippfisch bildeten seit der Gründung Kristiansunds 1742 die Lebensgrundlage der Stadt. Heute ist Kristiansund eines der wichtigsten Zentren der Erdöl- und Erdgasförderung. Die Stadt, die sich gerne »Venedig des Nordens« nennt, liegt auf drei durch Brücken verbundenen Inseln, erst 1992 wurde sie mit Tunneln und Brücken ans Festland angeschlossen.

Sehenswert

Klippfiskmuseet

| Museum |

Das Museum erinnert an die große Zeit der Klippfischproduktion und ist in einem weitläufigen, gut erhaltenen Kaispeicher aus dem Jahr 1749 untergebracht. Um die Dorsche haltbar zu machen, wurden sie ausgenommen, gesalzen und auf den Klippen zum Trocknen ausgelegt.

■ Dikselveien 20, www.nordmore.museum.no, Mitte Juni–Mitte Aug. tgl. 12–17 Uhr, 120 NOK, bis 16 J. frei

Verkehrsmittel

Sundboote pendeln ständig zwischen den Inseln, sie bieten eine gute Möglichkeit, die Inselstadt Kristiansund vom Wasser aus kennenzulernen.

Parken

Eine der günstigsten Parkmöglichkeiten in Zentrumsnähe befindet sich in der **Sykehusgata** (Mo–Fr 9–18, Sa 11–18 Uhr, 18 NOK/Std., Tag 120 NOK).

Restaurants

€€–€€€ | Sjøstjerna Fiskerestaurant
In Kristiansund muss man natürlich Klippfisch probieren. Hier gibt es ihn in verschiendenen Zubereitungsarten.
■ Skolegata 8, Tel. 71 67 87 78, www.sjostjerna.no, Mo–Sa 17–24 Uhr

Events

Nordic Light Festival Jährlich Ende Oktober wird beim fünftägigen, international besetzten Festival Fotokunst gezeigt. ■ www.nordiclightfestival.no

ADAC Mobil

Die **Atlantikstraße** (Atlanterhavsvegen, Rv 64), die Molde mit Kristiansund verbindet, zählt zu den Nationalen Touristenstraßen. Der nur wenige Kilometer lange Abschnitt zwischen Vevang und Kårvåg führt über acht kühn geschwungene Brücken und mehrere kleine Inseln. Da diese sehenswerte Straßenkonstruktion einen Fjordausgang kreuzt, treten beim Tidenwechsel beeindruckende Strömungen auf. Zur Zeit der Herbststürme ist die »Straße im Meer« wegen der Gischt der sich brechenden Wellen oft in Nebel gehüllt.

23 Romsdal

Das Tal ist ein Eldorado für Kletterer und Eisenbahnliebhaber

Information

■ Åndalsnes Turistinformasjon, Jernbanegata 1, 6300 Åndalsnes, Tel. 93 04 97 55, www.fjordnorway.com/en/destinations/andalsnes

Das rund 60 km lange Romsdal wird von der teils wild schäumenden, sich durch enge Schluchten zwängenden Rauma durchzogen. Zu beiden Seiten erheben sich schroffe Gipfel. Neben der E136 führt auch die Raumabahn durch das dünn besiedelte Tal bis zum im Herzen des Tals idyllisch vor der Kulisse schneebedeckter Gipfel gelegenen Åndalsnes am Isfjord, einem Seitenarm des Romsdalsfjords. Vor allem Angler, Wanderer und Kletterer suchen Åndalsnes gerne auf.

Sehenswert

Norsk Tindesenter

| Ausstellung |

Direkt am Fjord gelegen, ist das Nationale Bergsportzentrum die neueste Attraktion. Hier erfährt man alles über das Bergsteigen in Norwegen und norwegische Expeditionen. Sportliche versuchen sich an der Indoor-Kletterwand oder nehmen die Via Ferrata in Angriff; Ausrüstung kann geliehen werden.

■ Havnegata 2, 6300 Åndalsnes, tindesenteret.no, tgl. 9–18 Uhr, 145 NOK, Kinder 4–15 Jahre 70 NOK

Trollveggen

| Naturschauspiel |

Vom Fuß der Trollwand bis zum Gipfel sind es 1800 m, 1000 Höhenmeter davon senkrecht und überhängend. Das Besucherzentrum an der Straße zeigt eine Ausstellung zur Geschichte der Trollwand, von der Terrasse kann man die Kletterer in der Wand beobachten.

■ Besøkssenter, www.visit-trollveggen.com, Juni–Aug. tgl. 9.30–19, sonst 10–17 Uhr

Verkehrsmittel

Raumabanen Die Raumabahn durch das Romsdal zählt zu den eindrucksvollsten Strecken Norwegens. Vor allem die Wendetunnel und Brücken sind Meisterwerke der Ingenieurskunst. Im Sommer legen Sightseeingzüge an besonders spektakulären Stellen Fotostopps ein. ■ www.vy.no

Events

Norsk Fjellfestival Mitte Juli treffen sich Bergsportbegeisterte für eine Woche, um auf Tour zu gehen. Mit Rahmenprogramm. ■ norskfjellfestival.no

Übernachten

Fjordnorwegen zählt zu den spektakulärsten Landschaften der Erde. Das spiegelt sich auch in den Übernachtungsmöglichkeiten wider. Ob in traditionsreichen Holzpalästen am Fjord oder umgebauten Lagerhäusern in den Hafenstädten: Der fantastische Ausblick ist gratis, während das Logis seinen stattlichen Preis hat. Günstiger wohnt man zumeist in den Bergen, etwa in Fjellhotels oder Hütten. Auch hier muss der Übernachtungsgast beim Komfort kaum Abstriche machen, und die Umgebung könnte schöner nicht sein.

Stavanger 48

€ | **Norneshuset** Ehrwürdiges weißes Holzhaus. Der schmale Steg am Wasser ist der ideale Platz für ein gemütliches Frühstück. ■ Nordnes 7, 4280 Skudeneshavn, Tel. 52827262, www.norneshuset.no

€ | **Nye Skåpet** Die fünf modernen Hütten des Wandervereins DNT am Soddatjørn sind minimalistisch, bieten aber fantastische Blicke. Nur für Wanderer und Selbstversorger! Frühzeitig buchen. ■ 4110 Forsand, Tel. 51840200, www.ut.no/hytte/101186/skapet

€€ | **Comfort Hotel Square** Trendy mit Streetart und modernem Design. Spektakulär ist der 360-Grad-Rundblick von der Dachterrasse. ■ Løkkeveien 41, 4008 Stavanger, Tel. 5156 8000, www.nordicchoicehotels.no

Haugesund 53

€ | **Haukeliseter Fjellstue** Hüttensiedlung im Gebirge direkt am See. Gemütliche, über 100 Jahre alte Häuser mit modernen Zimmern. ■ Haukeliveien 2917, 3895 Edland, Tel. 35062777, www.haukeliseter.no

€€ | **Clarion Collection Hotel Amanda** Nobel und mit Flair, denn während des Internationalen Filmfestivals logieren hier die Größen aus der Filmbranche. ■ Smedasundet 93, 5501 Haugesund, Tel. 52808200, www.nordicchoicehotels.no.

Hardangerfjord 54

€–€€ | **Rosendal Turisthotell** Von dem schön renovierten Hotel ist es nur ein kurzer Spaziergang zur berühmten Baronie Rosendal. ■ Skålagato 17, 5486 Rosendal, Tel. 53473666, www.rosendalturisthotell.no

€€ | **Brakanes Hotel** Haus mit großer Geschichte, wunderschön am Fjord gelegen. Zimmer mit Fjordblick buchen. ■ Promenaden 1, 5730 Ulvik, Tel. 56526105, brakanes-hotel.no

Bergen 56

€€ | **Hotel Park Bergen** Stilvolles Gebäude aus dem späten 19. Jh., voll mit Antiquitäten und moderner Kunst. ■ Harald Hårfagres gate 35, 5007 Bergen, Tel. 55544400, www.hotelpark.no

€€–€€€ | **Det Hanseatiske Hotel** Wo die Hansekaufleute einst ihre Waren lagerten, wird heute stilvoll genächtigt. ■ Finnegården 2A, 5809 Bergen, Tel. 55304800, www.dethanseatiskehotel.no

Voss ... 62

€€ | Fleischer's Hotel Traditionsreiches, 1889 erbautes Hotel im damals sehr populären Schweizer Chalet-Stil. ■ Evangervegen 13, 5704 Voss, Tel. 56 52 05 00, www.fleischers.no

Sognefjord ... 64

€€ | Kviknes Hotel Eines der großen historischen Holzhotels Norwegens im schweizerischen Stil. Traumhafte Lage. ■ Kviknevegen 8, 6899 Balestrand, Tel. 57 69 42 00, www.kviknes.no.

€€€ | Walaker Hotell Das älteste Hotel Norwegens gibt es seit 1640. Gemütlich, mit feinem Restaurant und Blick auf den Lustrafjord. ■ 6879 Solvorn, Tel. 57 68 20 80, www.walaker.com

Ålesund ... 67

€–€€ | Goksøyr Camping Treffpunkt von Ornithologen und Naturfotografen am Fuß des Vogelfelsens. Hütten, Ferienhäuser, Campingplatz und Zimmer – und, ganz abgelegen, das winzige Lotsenhaus mit Robinson-Feeling. ■ Knut Asle Goksøyr, 6096 Runde, Tel. 70 08 59 05, www.insel-runde.de

€€€ | Hotel Brosundet Jugendstilhotel mit gelungener Mischung aus Alt und Neu. Romantiker können ein Zimmer im Leuchtturm Molja fyr buchen. ■ Apotekergata 1–5, 6004 Ålesund, Tel. 70 10 33 00, www.brosundet.no

Geirangerfjord ... 69

€€ | Hotell Geiranger Von außen wirkt das Haus nicht gerade anheimelnd. Aber was zählt, ist der Blick von einigen Zimmern und der Terrasse auf den Fjord. ■ 6216 Geiranger, Tel. 70 26 30 05, www.havilahotelgeiranger.no

Molde ... 70

€€ | Seilet Das moderne Hotel wurde direkt in den Fjord gebaut und ist das architektonische Highlight von Molde. ■ Gideonvegen 2, 6412 Molde, Tel. 71 11 40 00, www.scandichotels.de

ADAC Das besondere Hotel

Die perfekte Symbiose von Natur und Architektur ist den norwegischen Architekten Jensen & Skodvin mit dem **Juvet Landscape Hotel** gelungen. Mitten in der Natur sind mehrere individuelle Räume entstanden, die durch riesige Glasflächen traumhafte Ausblicke auf Fluss, Berge und Wald erschließen. Kein Wunder, dass in diesem futuristischen Ambiente der visionäre Oscar-Spielfilm »Ex Machina« gedreht wurde.
€€€ | Alstad, 6210 Valldal, Tel. 95 03 20 10, www.juvet.com

Ostnorwegen, das Land der Berge und Täler

Weite Täler, kristallklare Seen, dichte Wälder und schroffe Berge, deren Gipfel scheinbar den Himmel berühren

Gegliedert wird die Region durch mehrere große Täler, die alle nahezu parallel von Nordwesten nach Südosten verlaufen. Im Osten herrscht waldreiches Mittelgebirge vor, nach Westen hin wird die Landschaft zunehmend gebirgiger. Hier liegen mit Hardangervidda, Jotunheimen, Rondane und Dovrefjell – allesamt Nationalparks – die beliebtesten Wandergebiete. Die großen Täler wie Numedal, Hallingdal, Valdres, Gudbrandsdal und Østerdal wurden schon früh besiedelt, ein wichtiges ökonomisches Standbein bildet für die Bewohner bis heute die Landwirtschaft. Die Städte sind klein und stören den beschaulichen Gesamteindruck kaum. So auch im Gudbrandsdal, durch das jahrhundertelang die norwegischen Könige übers Dovrefjell nach Trondheim zogen, um sich im dortigen Dom krönen zu lassen.

In diesem Kapitel:

ADAC Top Tipps:

6 **Røros**
| Industriedenkmal |
Der gesamte Stadtkern mit seinen alten Holzhäusern steht unter Denkmalschutz und ist Weltkulturerbe. Um die Stadt wurde mehr als 300 Jahre lang Kupfer gefördert, Schlackeberge, winzige Bergarbeiterhäuser und das Schmelzwerk – heute Museum – erinnern noch an diese Zeit. ... 89

ADAC Empfehlungen:

15 **Jotunheimen**
| Nationalpark |
In der »Heimat der Riesen« liegen die höchsten Berge Skandinaviens und laden zu ausgiebigen Wanderungen und Klettertouren ein. ... 78

16 **Hardangervidda**
| Nationalpark |
Tagelang kann man die weitläufige Hochebene durchwandern und trifft weder auf Dörfer noch Straßen. 80

17 **Maihaugen, Lillehammer**
| Freilichtmuseum |
Der Zahnarzt Anders Sandvig war der Sammelleidenschaft verfallen, ihm ist das schönste Freilichtmuseum Norwegens zu verdanken. 85

18 **Nordre Ekre, Nedre Heidal**
| Restaurant |
Ein uralter Bauernhof im Gudbrandsdal gibt den Rahmen für einen perfekten Gaumenschmaus. Mit Liebe und Können werden die Gerichte mit lokalen Rohwaren zubereitet. 88

19 **Moschusochsensafari**
| Nationalpark |
Einige Dutzend der zotteligen Tiere streifen frei über die Hochebenen des Dovrefjell. Mit etwas Geduld kann man die Herden beobachten. 88

20 **Rondane**
| Nationalpark |
Im ältesten Nationalpark Norwegens warten viele Gipfel darauf, bestiegen zu werden. Oder man wandert von Hütte zu Hütte. 89

Vom Besseggengrat bietet sich ein weiter Blick über Jotunheimen und den Gjendesee

24 Jotunheimen

15 *Die Heimat der Riesen mit den höchsten Bergen Skandinaviens*

Information

■ Visit Hardangerfjord, Bergomsvegen 17, 2686 Lom, Tel. 61 21 29 90, www.visitjotunheimen.no

Im Nationalpark Jotunheimen ragen die höchsten Berge Skandinaviens auf. Den Namen für die Region, »Heimat der Riesen«, prägte im 19. Jh. der Dichter Aasmund Olavsson Vinje, der sich beim Anblick der wilden Landschaft von der nordischen Mythologie inspirieren ließ. Die höchsten Gipfel sind Galdhøppigen (2469 m) und Glittertind (2464 m). Südwestlich schließt sich das Hurrungane-Gebirge an, dessen schroffe Gipfel viele ambitionierte Felskletterer anziehen. Westlich erstreckt sich Breheimen, eine Gruppe von vielen kleinen Gletschern, die fast nahtlos in den Jostedalsbre übergehen. Seit 1980 ist das 1140 km² große Herzstück des Jotunheimen als Nationalpark ausgewiesen. Die touristische Infrastruktur im beliebtesten Wandergebiet der Norweger ist wegen der vielen Hütten und markierten Wanderwege hervorragend, allerdings wird man hier im Juli und August selten alleine unterwegs sein.

Sehenswert

Beitostølen

| Landschaft |

Viele Wanderwege führen von der Hüttensiedlung am Südrand des Jotunheimen ins Gebirge. Im Winter kann man einige familienfreundliche Hänge hinunterwedeln und findet als Langläufer zahlreiche Loipen und Spuren. Eine lohnende Unternehmung ist die Besteigung des Bitihorns (1608 m), des Hausberges von Beitostølen.

Valdresflya

| Passstraße |

Kurz hinter Beitostølen steigt die Rv 51 an, passiert den langen, schmalen Bygdin-See und erreicht ihren höchsten Punkt auf der Valdresflya (modernes Café, 1389 m). Von der flachen, baumlosen Hochebene bieten sich faszinierende Blicke auf die Gipfel und Gletscher im Jotunheimen-Nationalpark. Weiter nördlich kommt man zum blaugrün schimmernden, von steilen Felswänden eingerahmten Gjende-See. Die drei Hütten an seinem Ufer (Gjendesheim, Memurubu und Gjendebu) sind beliebte Ausgangspunkte für Wanderungen.

Lom Stavkirke

| Stabkirche |

Diese Stabkirche, die auf das 12. Jh. zurückgeht, wurde im Laufe der Zeit mehrfach umgebaut. Schöne Drachenköpfe zieren die Giebel, das Nordportal ist mit Schnitzereien versehen, und auch der Innenraum ist wegen der Malereien und der Kanzel sehenswert. ■ 2686 Lom, www.lomstavechurch.no, 1.–20. Juni, 15. Aug.–25. Sept. tgl. 10–16, 21. Juni–14. Aug. tgl. 10–19 Uhr, 100 NOK, Kinder 40 NOK

Sognefjellvegen

| Passstraße |

Norwegens höchste Passstraße (Rv 55) führt vom Lustrafjord auf das Sognefjell. Der höchste Punkt liegt bei der architektonisch bemerkenswerten Sognefjellhytta (1434 m). Rund um die Hütte gibt es ein Sommerskigebiet. Wer die höchsten Berge Norwegens – Galdhøppigen und Glittertind – besteigen möchte, muss auf die Mautstraßen zur Juvasshütte und zur Spiterstulenhütte abbiegen. Auch ohne Gipfelambitionen lohnt besonders der Abstecher zur Juvasshütte (1841 m) wegen des Blicks auf die hochalpine Landschaft. Von der Hütte sind es noch rund drei Stunden bis zum Gipfel des Galdhøppigen.

Verkehrsmittel

Bootstrips Im Sommer gibt es regelmäßige Bootsverbindungen auf dem Gjende-See zwischen Gjendesheim, Memurubu und Gjendebu und auf dem Bygdin-See zwischen Bygdin, Torfinnnsbu und Eidsbugarden.

Restaurants

€€€ | Fossheim Turisthotell Hotel und Restaurant gehören zu einem Zusammenschluss besonders schöner historischer Gasthöfe. Spezialität sind die mehrgängigen Menüs. ■ Bergomsvegen 32, 2686 Lom, Tel. 61 21 95 00, www.fossheimhotel.no, tgl. ab 18 Uhr

ADAC Wussten Sie schon?

Südlich von Vågå erreicht man nach einem Abstecher von der RV 51 **Riddersspranget**, den Rittersprung. Hier zwängt sich die Sjoa wild schäumend durch eine enge Schlucht. Im 14. Jh. soll ein Ritter auf seinem Pferd mit einem Sprung, die geraubte Braut im Arm, die Schlucht überwunden haben und so seinen Verfolgern entkommen sein.

Einkaufen

Fossheim Steinsenter Eine umfangreiche Mineraliensammlung sowie zu Schmuck verarbeitete Steine locken viele Besucher nach Lom. ■ Bergomsvegen 30, 2686 Lom, m.facebook.com/FossheimSteinsenter, tgl. 10–17 Uhr

Wandern

Besseggen Norwegens beliebteste und meistbegangene Wanderroute führt über den Besseggengrat. Die Tour startet am Morgen mit einer Bootsfahrt von Gjendesheim nach Memurubu. Dort beginnt der Aufstieg auf den mächtigen Bergrücken, der den tiefgrünen Gjende-See vom blauschwarzen Bessvatnet trennt. Das erste Stück führt durch leichtes Klettergelände; der Blick vom höchsten Punkt ist überwältigend. Für die gesamte Wanderung, die wieder nach Gjendesheim führt, ist bei normaler Kondition mit 6–8 Std. zu rechnen.

25 Hardangervidda

16 *Weite Hochebene mit arktischer Flora und Fauna*

Information

■ Norsk Natursenter Hardanger, Sæbøtunet 11, 5784 Øvre Eidfjord, Tel. 53 67 40 00, www.norsknatursenter.no, Juni–Aug. tgl. 10–18, sonst 12–18 Uhr, 150 NOK, Kinder (3–15 J.) 85 NOK

Europas größtes Gebirgsplateau liegt großteils zwischen 1100 und 1400 m ü. d. M., nur wenige markante Gipfel wie der Gletscher Hardangerjøkul, der Tafelberg Hårteigen und der Sandfloeggi ragen aus dieser weiten Ebene heraus. Das gesamte Gebiet liegt oberhalb der Baumgrenze, ist weitgehend unbewohnt, karg und mit zahlreichen Seen gesprenkelt, 3422 km^2 sind als Nationalpark geschützt. Trotz des harten Klimas leben auf der Vidda rund 100 Vogel- und 20 Säugetierarten, darunter die südlichste Wildrenpopulation Europas mit mehr als 10 000 Tieren. Nördlich des Nationalparks erhebt sich der eindrucksvolle Plateaugletscher Hardangerjøkul. Mit gut 1800 m bildet er eine weithin sichtbare Landmarke.

Verkehrsmittel

Bergensbanen Die Bergenbahn durchquert die nördliche Hardangervidda zwischen den markanten Bergen Hallingskarvet und Hardangerjøkul, von den Bahnhöfen Ustaoset, Haugastøl, Finse und Hallingskeid bieten sich gute Tourenmöglichkeiten.

Rallarvegen Die beim Bau der Bergenbahn angelegte Versorgungsstraße ist heute eine beliebte Radroute.

Rv 7 Die einzige Straße, die zwischen Geilo und Eidfjord über die Hardangervidda führt.

Wandern

Die weite Landschaft mit geringen Höhenunterschieden ist von einem Netz markierter **Wanderwege** durchzogen. Im Abstand von 5–9 Std. erreicht man eine der Hütten, die in der Regel im Sommer und an Ostern zur Langlaufsaison geöffnet sind. Hütten und Wege werden vom Norwegischen Wanderverein DNT (Den Norske Turistforening) betreut (www.dnt.no). Auch im Sommer sollte man nur gut ausgerüstet zu Wanderungen aufbrechen, denn das Wetter kann schnell umschlagen.

26 Numedal

Auf der Silberstraße, den Numedalslågen entlang, zur Hardangervidda

Information

■ Geilo Turistinformasjon, Vesleslåttvegen 13, 3580 Geilo, Tel. 32 09 59 00, www.geilo.com
■ Kongsberg Turistservice, Kirketorget 4, 3616 Kongsberg, Tel. 32 29 90 50, www.kongsberg.no

Von den Höhen der Hardangervidda fließt der Numedalslågen durch den Wintersportort Geilo und die Silberstadt Kongsberg bis zur Mündung im Skagerrak bei Larvik. Auf seinem rund 250 km langen Weg durch das Numedal bildet er den fast 20 km langen See Norefjord. Am Eingang zum Numedal liegt Kongsberg, die ehemals größte Bergbaustadt Norwegens. Der Dänenkönig Christian IV. ließ im 17. Jh. das Silberbergwerk erschließen.

Sehenswert

Geilo

| Landschaft |

Der auf 800 m Höhe liegende Wintersportort Geilo hat sehr gut ausgebaute Skianlagen für Abfahrt und Langlauf sowie ein großes Angebot an Unterkünften. Im Sommer sind Rafting, Reiten und Kanufahren sehr beliebt, viele markierte Wege bieten Radfahrern und Wanderern ideale Bedingungen.

Kongsberg Kirke

| Kirche |

Die reich ausgestattete Barockkirche bietet Platz für 2400 Gläubige. Bei den Figuren an Kanzel und Altar hat man nicht mit Gold gespart, die Königsloge mit ihren verzierten Sprossenfenstern ist besonders kunstvoll gestaltet.
■ Kirketorget 1, 3616 Kongsberg, Juni–Aug. So 10–15, Mi 12–14 Uhr

Norsk Bergverksmuseum und Kongensgruve

| Museum |

In der einstigen Schmelzhütte wird die Geschichte des Silberbergbaus sowie die Herstellung von Silbermünzen dokumentiert. Ein wenig außerhalb, in Saggrenda, kann man mit einem Grubenzug 2 km in die Mine einfahren.
■ Hyttegata 3, 3616 Kongsberg, norskbergverksmuseum.no, Museum: Mitte Mai–Mitte Aug. tgl. 11–17, sonst Di–So 12–16 Uhr, 140 NOK, Kinder 80 NOK, Grube (Malmveien 11): Sommer Tour tgl. 10, 12, 14 Uhr, 280 NOK, Kinder (3-15 J.) 140 NOK,

Restaurants

€€ | Peckels Resept Die Speisekarte ist zwar klein, aber fein. ■ Peckelsgate 12A, 3616 Kongsberg, Tel. 32 73 25 25, www.peckels.no, Mi–Sa 17–23 Uhr

Events

Kongsberg Jazz Festival Anfang Juli spielen die Musiker auf mehreren Bühnen. ■ www.kongsbergjazz.no

Kinder

Langedrag Zwischen Numedal und dem östlich verlaufenden Hallingdal liegt am Tunhovdfjord der Naturpark Langedrag mit Wölfen, Luchsen, Polarfüchsen und Rentieren sowie Attraktionen für Kinder. Übernachtung im Park möglich. ■ 3544 Tunhovd, www.langedrag.no, tgl. 10–18 Uhr, saisonabhängig 365–420 NOK, Kinder (3–15 J.) 255–290 NOK

27 Hallingdal

Traditionsreiches Tal und urwüchsiges Paradies für Naturliebhaber

Information

■ Gol Turistkontor, Sentrumsvegen 106, 3550 Gol, Tel. 32 02 97 00, www.golinfo.no

Das Hallingdal beginnt am lang gestreckten Krøderen-See und verläuft bis zu den Ausläufern der Hardangervidda. Entlang des breiten Hallingdalselv führt die schnellste Verbindung von Oslo nach Bergen, die E 7. An der Straße liegen für einen Zwischenstopp einige kleinere Orte mit guter touristischer Infrastruktur wie Nesbyen oder der Wintersportort Gol. Auch einige Stabkirchen lohnen den Besuch.

Sehenswert

Hallingdal Museum

| Freilichtmuseum |

Viele der Bauernhäuser des Freilichtmuseums sind mit Rosenmalerei – Bauernmalerei, die sich nicht nur auf Rosen als Motiv beschränkt – verziert, die im Hallingdal eine lange Tradition hat. Der »Staveloftet«, ein Getreidespeicher aus dem 14. Jh., ist eines der ältesten Holzgebäude Norwegens.

■ Møllevegen 18, 3540 Nesbyen, www.hallingdal-museum.no, Di–Fr 9–15 Uhr, 80 NOK, Kinder 60 NOK

Gol Stavkirke

| Stabkirche |

Die Kirche aus dem 12. Jh. wurde 1881 zerlegt und nach Oslo transportiert. Seitdem ist sie eine der Attraktionen des Norwegischen Volksmuseums auf der Museumsinsel Bygdøy. In der Nähe ihres ursprünglichen Standortes wurde im Familienpark Gordarike (Mittelalterpark) eine exakte Kopie errichtet.

■ Hahaugvegen 25, 3550 Gol, www.hallingresort.no/nb/priser-gordarike-middelalderparken, Juni–Mitte Aug. Mo–Fr 9–15 Uhr, 110 NOK; Familien 240 NOK

Torpo Stavkirke

| Stabkirche |

Von den einst sieben Stabkirchen im Hallingdal ist die in Torpo heute die einzige, die großteils noch im Originalzustand erhalten ist, mit seltenen Malereien im Tonnengewölbe und kunstvollen Drachenornamenten an den Portalen der West- und Südseite.

■ 3579 Torpo, www.stavechurch.com, Juni–Aug. tgl. 10–18 Uhr, 70 NOK, Kinder frei

Gefällt Ihnen das?

Dann besuchen Sie doch auch die **Freilichtmuseen Gamle Bergen** (S. 61), das **Valdres Folkemuseum** (S. 83), **Maihaugen** in Lillehammer (S. 85) und **Røros** (S. 89), wobei hier die ganze Stadt das Freilichtmuseum bildet.

Verkehrsmittel

Krøderbanen Im Sommer fährt sonntags eine alte Dampflok mit Holzwaggons auf der 26 km langen Strecke zwischen Krøderen und Vikersund.

■ www.njk.no/kroderbanen

Sport

Hemsedal Bei Gol zweigt die Straße (Rv 52) nach Hemsedal ab. Hier wartet, vor allem für Abfahrer, eines der größten Wintersportzentren.

28 Valdres

Zwischen Gudbrandsdal und Hallingdal: liebliches Tal mit alter Bauernkultur

Information

■ Valdres Turistkontor, Jernbanevegen 7, 2900 Fagernes, Tel. 61359410, www.valdres.no

Im Valdres-Tal finden sich noch viele Zeugnisse der alten Bauernkultur, die in örtlichen Heimatmuseen bewahrt werden. Zudem gibt es hier fünf Stabkirchen, die die Jahrhunderte überdauert haben: Hegge, Reinli, Hedalen, Lomen und Høre. Städtisches Zentrum des Valdres-Tals ist Fagernes.

Sehenswert

Valdres Folkemuseum

| Freilichtmuseum |

Mit rund 100 Häusern aus Valdres, von denen das älteste aus dem Jahr 1350 stammt, ist das Valdres Folkemuseum eines der größten Freilichtmuseen des Landes. Die Lage auf einer Halbinsel im See Strandfjorden könnte kaum schöner sein. Im Sommer wird das Gelände als Bauernhof bewirtschaftet. Das neue Museumsgebäude bildet mit seinem asymmetrischen Satteldach einen besonderen Blickfang. Im Museumsrestaurant mit Blick auf den See werden ausschließlich saisonale und regionale Produkte verarbeitet.

■ Tyinvegen 2, 2900 Fagernes, valdresmusea.no, Juli, Aug. tgl. 11–17, Juni, Sept. Di–So 11–16, sonst Di–So 12–15 Uhr, 120 NOK, Kinder (5–16 J.) 60 NOK

Erlebnisse

Dresinkjøring på Valdresbanen Die Valdresbahn wurde im Jahr 1988 stillgelegt. Im Sommer kann man die Strecke zwischen Dokka und Hov (Länge 24 km) mit einer Draisine befahren. ■ Ausleihe: Shell-Station in 2870 Dokka, Storgata 54, Tel. 99448711, www.valdresbanen.no, Leihgebühr Tandemdraisine 500 NOK, Einzeldraisine 400 NOK

Das Valdres-Tal ist eine seenreiche Hügel- und Berglandschaft

Auf dem Gelände des Museums Maihaugen befinden sich über 200 Häuser

29 Mjøsa

Fruchtbares Land und reizvolle Landschaft an Norwegens größtem See

Information

■ Lillehammer Turist, Jernbanetorget 2, 2609 Lillehammer, Tel. 61 28 98 00, www.lillehammer.com

■ Hamar Turistkontor, Strandgata 45, 2317 Hamar, Tel. 40 03 60 36, www.visitmjosa.no

Mit 362 km² ist der Mjøsa der größte See Norwegens. Eingebettet in Felder, Wiesen und Wälder bringt es der bis zu 15 km breite See auf eine Länge von fast 120 km. Große, wohlhabende Bauernhöfe säumen seine Ufer, auch Städte wie Hamar, Gjøvik und Lillehammer. Hamar ist die größte Stadt im Binnenland, die Ruine der Domkirche erinnert an ihre Zeit als wichtiger Bischofssitz. Modernes Wahrzeichen ist die Olympiahalle Vikingskipet, die aus der Ferne wie ein umgedrehtes Wikingerschiff wirkt. Lillehammer ist eine charmante Kleinstadt an der Mündung des Lågen in den Mjøsa-See. International bekannt wurde sie als Ausrichter der Olympischen Winterspiele 1994.

Sehenswert

Hedmarksmuseet

| Museum |

Das Museum umfasst die Ruinen der Domkirche von Hamar, die mit einer Konstruktion aus Glas und Stahl überdacht wurden. In dieser »Glaskathedrale« finden häufig Konzerte statt. Die Reste der nahen Bischofsburg wurden zu einem Museum der Wikingerzeit. Den Blick in die Vergangenheit vervollständigen die rund 60 Gebäude des Freilichtmuseums.

■ Strandvegen 100, 2317 Hamar, www.domkirkeodden.no, Mitte Mai–Mitte Sept. Di–So 11–16, Mitte Juni–Mitte Aug. bis 17 Uhr, 140 NOK, 6–15 Jahre 70 NOK

Norsk Jernbanemuseum

| Museum |

Das größte und älteste Eisenbahnmuseum Norwegens befindet sich in Hamar, es besteht seit 1896 und zeigt Lokomotiven, Salonwagen und historische Bahnanlagen. In den Sommermonaten kann man Fahrten mit der Schmalspurbahn »Tertitttoget« unternehmen.

■ Strandvegen 161, 2317 Hamar, jernbanemuseet.no, Juli–Mitte Aug. tgl. 10–16 Uhr, sonst wechselnde Öffnungszeiten s. Webseite, 100–120 NOK (saisonabhängig), Kinder 4–15 Jahre 65–85 NOK

Maihaugen

| Freilichtmuseum |

17 *Aus der Sammelleidenschaft eines Zahnarztes entstanden*

Mit den Sandvigschen Sammlungen auf dem Hügel Maihaugen besitzt Lillehammer eines der größten Freilichtmuseen Norwegens, in dem vor allem alte Holzhäuser aus der Region bewahrt werden. Der Zahnarzt Anders Sandvig kaufte Ende des 19. Jh. Gebrauchsgegenstände und Häuser auf, um die bäuerliche Tradition für die Nachwelt zu erhalten. Im Jahr 1904 übernahm die Stadt Lillehammer seine Sammlung und richtete auf dem Maihaugen ein Museum ein.

■ Maihaugvegen 1, 2609 Lillehammer, www.maihaugen.no, Juni–Aug. tgl. 10–17, sonst mind. Di–So 11–15 Uhr, 190 NOK, 6–25 J. 65 NOK, im Winter 140/65 NOK

Lillehammer Kunstmuseum

| Museum |

In einem modernen, architektonisch interessanten Bau im Herzen der Stadt zeigt das Museum norwegische Malerei des 19. und 20. Jh. Es gilt als eines der führenden Kunstmuseen Norwegens und beherbergt eine Sammlung von rund 1500 Werken, Teile davon sind in einer ständigen Ausstellung zu sehen. Darüber hinaus gibt es wechselnde Ausstellungen.

■ Stortorget 2, 2609 Lillehammer, www.lillehammerartmuseum.com, Juni–Aug. tgl. 10–17, sonst Di–So 11–16 Uhr, 145 NOK, 6–25 J. 65 NOK

Olympiaparken

| Sportstätte |

Wenige Straßenzüge abseits der Fußgängerzone von Lillehammer erstreckt sich der Olympiapark, der anlässlich der Olympischen Winterspiele 1994

ADAC Mittendrin

Einer der schönsten und größten **Weihnachtsmärkte** Norwegens findet am ersten Adventswochenende im Freilichtmuseum Maihaugen statt. Vor der romantischen Kulisse der historischen Häuser werden Kunsthandwerk und regionale Spezialitäten angeboten.

errichtet wurde. Hier kann man die Skisprungschanze Lysgårdbakkene besteigen und die herrliche Aussicht genießen oder mit einem Räderbob die Bobbahn hinabrasen.

■ www.olympiaparken.no

Restaurants

€€ | **Egon** Gut und günstig, norwegische und internationale Küche. Man sitzt urig-rustikal in einer ehemaligen Mühle. ■ Elvegaten 12, 2609 Lillehammer, Tel. 61057090, www.egon.no, Mo–Do 10–23, Fr, Sa bis 24, So 11–23 Uhr

Erlebnisse

Skibladner Seit 1856 ist der Schaufelraddampfer »Skibladner« mit nur kurzen Unterbrechungen auf dem Mjøsa-See unterwegs. Von Ende Juni bis Mitte August finden täglich außer montags Fahrten zwischen Gjøvik, Lillehammer und Eidsvoll statt. ■ www.skibladner.no

In der Umgebung

Eidsvoll 1814

| Ausstellung |

Südlich des Mjøsa-Sees steht eines der Nationalheiligtümer Norwegens: das Herrenhaus von Eidsvoll. Hier wurde

am 17. Mai 1814 von 112 Repräsentanten des Landes Norwegens erste Verfassung verabschiedet, die damals als modernste Europas galt. Der 17. Mai ist seitdem Nationalfeiertag.
■ Magovegen 13, 2074 Eidsvoll Verk, www.eidsvoll1814.no, Juli tgl. 10–16, Mai, Juni, Aug. Di–Fr 11–16, Sa, So 10–16, sonst Di–Fr 11–15, Sa, So 11–16 Uhr, 140 NOK, 5–16 J. 70 NOK

30 Østerdal

Im Wald der Elche: unterwegs zu Norwegens »Waldhauptstadt«

Information

■ Turistinformasjon i Elverum-Regionen, Solørveien 151, 2407 Elverum, Tel. 99 64 97 47, www.visit-innlandet.no

Das von der Glomma durchflossene Østerdal führt durch eine der waldreichsten Gegenden Norwegens. Einst wurde auf Norwegens längstem Fluss Holz geflößt, heute versuchen Angler ihr Glück. Außer Kongsvinger, der südlichen Eingangspforte zum Tal, und der rund 100 km weiter nördlich gelegenen »Waldhauptstadt« Elverum gibt es keine größeren Orte südlich von Røros.

ADAC Spartipp

Die **E6** zwischen Oslo und Trondheim wird zunehmend autobahnähnlich ausgebaut. Zur Finanzierung der aufwendigen Tunnel und Brücken wird man mehrfach an Mautstationen zur Kasse gebeten. Wer stattdessen auf der **E3** durch das Østerdal fährt, zahlt bis jetzt nur an den Mautstationen rund um Trondheim.

Sehenswert

Norsk Skogmuseum
| Museum |
Das 1954 gegründete, am Ufer der Glomma gelegene Waldmuseum in Elverum dokumentiert die für die Region seit Jahrhunderten wichtige Forstwirtschaft. Außerdem erfährt man viel über Elchjagd und Fischfang, es gibt Süßwasseraquarien und eine Jagdwaffensammlung.
■ Solørvegen 151, 2406 Elverum, www.skogmus.no, tgl. 10–16 Uhr, 120–140 NOK, Kinder 60–70 NOK

Riesenelch
| Skulptur |
An der E 3, der Hauptverbindung zwischen Oslo und Mittelnorwegen, steht in der Nähe der Ortschaft Koppang ein Riesenelch aus poliertem Stahl am Straßenrand. Das 10 m hohe Werk der norwegischen Künstlerin Linda Bakke, in dessen stählerner Oberfläche sich Natur und Landschaft spiegeln, ist die größte Elch-Statue der Welt.

Restaurants

€–€€ | Elgstua Kafé Verfehlen kann man das Restaurant nicht, denn vor der Tür steht ein großer Elch. Auf der Speisekarte findet man typisch norwegische Hausmannskost. ■ Trondheimsveien 9, 2406 Elverum, Tel. 62 43 10 70, www.thonhotels.no, Mo–Do 9–19,Fr–So bis 21 Uhr

Events

Festspillene i Elverum Während des zehntägigen Musikfestivals Anfang August in Elverum gibt es zahlreiche Konzerte in Kirchen, Kulturhäusern und auf Freilichtbühnen. ■ www.fie.no

In der Umgebung

Femunden

| Nationalpark |

Der Femundsee ist mit 204 km² der drittgrößte See Norwegens, er liegt im gleichnamigen Nationalpark. Wer weitgehend unberührte Natur, wilde und zahme Rentiere, gute Angel- und Wandermöglichkeiten sucht, wird sich hier wohlfühlen. Der See eignet sich sehr gut für Kanutouren. Besonders stimmungsvoll ist eine Fahrt mit dem Schiff von Sørvika nach Elgå.

Sport

Trysil Der Ort liegt in einer dünn besiedelten Region nahe der schwedischen Grenze. Hier befindet sich das größte Wintersportgebiet Norwegens mit 100 km Loipen und 70 km Alpinpisten.

31 Gudbrandsdal

Das bekannteste und mit 320 km längste Tal Norwegens

Information

■ Otta Turistkontor, Ola Dahls gate 1, 2670 Otta, Tel. 61 24 14 44, www.nasjonalparkriket.no

Das Gudbrandsdal zieht sich von Lillehammer über rund 320 km in nordwestlicher Richtung bis zum See Lesjaskogsvatnet. Durch das Tal fließt der Gudbrandsdalslågen, zunächst durch enge Schluchten, weiter südlich als breiter, träger Fluss. Heute führt die E 6 als eine der wichtigsten Verkehrsadern durch das Tal. Schon die Pilger im Mittelalter nutzten diesen Weg, um nach Trondheim zu gelangen.

Im Blickpunkt

Alles Käse!

Der »ekte geitost« ist ein halbfester brauner Ziegenkäse. Hergestellt wird er aus Molke, die langsam eingekocht wird, wobei der Milchzucker karamellisiert und dem Käse den charakteristischen, süßen Geschmack verleiht. In der gleichen Art wird der »gudbrandsdalsost«, der Gudbrandsdal-Käse, hergestellt, der aber überwiegend aus Kuhmilch und nur zu einem geringen Teil aus Ziegenmilch besteht. Die vom Block gehobelten feinen Scheiben werden auf »flatbrød«, Knäckebrot, gelegt und mit einem Klecks Marmelade verfeinert. Der Käse klebt gern am Gaumen. Der echte »gamalost« stammt aus Vik. Er sieht nicht nur wie alter Käse aus, er schmeckt auch so. Der Sauermilch-Schimmelkäse kann monatelang ohne Kühlung aufbewahrt werden und besitzt einen intensiven, scharfen Geschmack.

Norwegens längstes Tal bildet eine der ältesten Kulturlandschaften, die schon zur Wikingerzeit bewohnt war. Der Dichter Henrik Wergeland nannte es das »Tal der Täler«. Die Gestalt des Peer Gynt aus Henrik Ibsens Bühnenstück soll hier gelebt haben.

Sehenswert

Ringebu Stavkirke

| Stabkirche |

Um 1200 auf einer heidnischen Kultstätte errichtet, erfuhr die Stabkirche, die auch heute noch für den Gemeindegottesdienst genutzt wird, zahlreiche Umbauten und etliche Erweiterungen. Die Inneneinrichtung stammt aus dem 17. und 18. Jh., die Decken- und Wandmalereien sind rund 100 Jahre alt. ■ 2630 Ringebu, www.stavechurch.no, Mitte Juni–Mitte Aug. tgl. 10–17 Uhr, 80 NOK, Kinder 40 NOK

Restaurants

€€ | **Trollsalen Restaurant** Ein wenig unheimlich: Beim Essen wird man von riesigen Trollen beobachtet. ■ Fossekroveien 71, 2625 Fåberg, Tel. 61 27 40 00, www.hunderfossenhotell.no, Ende Mai–Aug.

18 €€€ | **Nordre Ekre** Schon der alte Gudbrandsdal-Hof lohnt den Besuch. Die Küchenchefs bieten 3-Gänge-Menüs aus lokalen Zutaten. ■ Heidalsvegen 1265, 2677 Nedre Heidal, Tel. 48 12 08 66, nordre-ekre.no, Juni–Aug. tgl. ab 19.30 Uhr, sonst auf Anfrage

Kinder

Hunderfossen Familiepark Aktivitäten für die ganze Familie: Märchenschloss mit Trollen, Wachsfigurenkabinett, Gokartbahn und Bauernhof, außerdem das Trollsalen Restaurant. ■ Fossekrovegen 22, 2625 Fåberg, hunderfossen.no, Ende Mai–Aug. 10–15/17, Juli bis 18 Uhr, 459 NOK, 90–120 cm 435 NOK, bis 90 cm frei, es sind auch 2-Tages-Tickets erhältlich

ADAC Mobil

Eine Alternative zur E 6 durch das Gudbrandsdal bietet der westlich zwischen Fåberg und Vinstra verlaufende **Peer-Gynt-Weg**, eine aussichtsreiche Panoramastraße.
www.peergyntvegen.no

Sport

Sjoa Rafting Die Sjoa im Heidal ist über weite Strecken ein schäumendes Wildwasser, also genau das Richtige für eine Raftingtour. ■ Sjoa Rafting, Heidal, Tel. 90 07 10 00, www.sjoarafting.com

In der Umgebung

Dovrefjell

| Nationalpark |

Nördlich von Dombås führt die Straße ins Gebirge und erreicht bei Hjerkinn mit 1026 m ihren höchsten Punkt im Dovrefjell. Der Dovrefjell-Sunndalsfjella-Nationalpark umfasst 1693 km² und wird durch die E 6 in einen West- und einen Ostteil geteilt. Von der Straße aus ist der höchste Berg, die Snøhetta (2286 m), zu sehen. In den 1930er-Jahren wurden einige Moschusochsen aus Grönland auf dem Dovrefjell ausgewildert, doch sie überlebten den Krieg nicht. Später wurde mit zwei Dutzend Kälbern ein neuer Versuch unternommen, der erfolgreicher war. Sie bildeten den Grundstock für den heutigen Bestand von rund 300 Tieren, die auf den kargen Flächen des Dovrefjell oberhalb der Baumgrenze in kleinen Gruppen leben. Auch wenn die Tiere friedlich wirken, sollte man einen weiten Abstand halten: Wenn sie sich bedroht fühlen, gehen sie blitzschnell zum Angriff über.

Erlebnisse

19 **Moschusochsensafari** Sehr gute Chancen, die zotteligen Fjellbewohner aufzuspüren, bietet eine Moschusochsen-Safari, die man in der Touristeninformation oder unter www.moskussafari.no/de buchen kann.

32 Rondane

20 *Mächtige Berge und tiefe Täler: Norwegens erster Nationalpark*

Information

■ Otta Turistkontor, Ola Dahls gate 1, 2670 Otta, Tel. 61 24 14 44, www.nasjonalparkriket.no

Östlich vom Gudbrandsdal türmt sich das Rondane-Massiv auf. 1962 wurde es zum ersten Nationalpark Norwegens, der heute 963 km² umfasst. Von den zehn Zweitausendern ist der Rondslottet mit 2178 m der höchste. Der Nationalpark wird durch mehrere tief eingeschnittene Täler gegliedert, das markanteste trennt die Berge Storronden und Rondslottet von Veslesmeden und Storsmeden. Zwischen den Hängen dieses Tales liegt der schmale See Rondvatnet sowie das touristische Zentrum, die Hütte Rondvassbu (www.dnt.no). Rondane ist eine sehr trockene Region, deshalb konnten sich selbst in den Gipfelregionen keine Gletscher bilden. Die Spuren der letzten Eiszeit – fast vegetationslose Moränenhügel und Sanderflächen – sind bis heute überall zu sehen. Das beliebte Wandergebiet ist gut mit Hütten und Wanderwegen erschlossen.

Wandern

Berghütten Die Rondvassbu-Hütte ist von Mysuseter in 2 Std. zu erreichen. Die Hütten Grimsdalshytta, Dørålseter und Bjørnhollia liegen am nördlichen bzw. östlichen Rand des Nationalparks. **Troll-Loipe** Die 170 km lange, markierte Skiwanderroute führt von Høvringen im Rondane bis nach Lillehammer.

Die Kirche in Røros thront majestätisch über den Holzhäusern der Stadt

33 Røros

6 *In einer der ältesten Holzstädte auf den Spuren des Kupfers*

Information

■ Turistkontor, Peder Hiorts gate 2, Røros, Tel. 72 41 00 00, www.roros.no

Norwegens einzige Stadt im Gebirge wurde 1644 von König Christian IV. zur Ausbeutung der Kupfervorkommen in der Umgebung gegründet. Über 300 Jahre lang, bis in die 1970er-Jahre, wurde vor den Toren der Stadt Kupfer abgebaut und in der Schmelzhütte am Malmpatz weiterverarbeitet. Mit den alten verwitterten Holzhäusern und den engen Gassen wirkt der Ort, der von der UNESCO als Weltkulturerbe geführt wird, wie ein Freilichtmuseum.

ADAC Wussten Sie schon?

Im **Hessdalen** nördlich von Røros werden seit 1981 immer wieder seltsame **Lichter am Nachthimmel** beobachtet, die auch von Kameras und Messstationen aufgezeichnet wurden. Ufologen glauben an den Besuch von Außerirdischen, Wissenschaftler sehen eher einen Zusammenhang mit den Kupfer-, Eisen- und Zinkvorkommen im Tal und dem Schwefel im Flusswasser. Dies könnte zu Spannungsfeldern und leuchtenden Plasmablasen führen, aber so ganz schlüssig ist auch diese Theorie nicht. Wer miträtseln möchte, kann dies unter www.hessdalen.de tun.

Sehenswert

Røros Kirke

| Kirche |

Das einzige Steingebäude von Røros ist das Wahrzeichen der Stadt. Der Glockenturm der barocken Kirche vom Ende des 18. Jh. trägt noch das Firmensymbol des Kupferbergwerks und überragt mit seinen fast 50 m Höhe weithin sichtbar die niedrigen Dächer der umliegenden Häuser.

■ Kjerkgata 39, Mitte Juni–Mitte Aug. Mo–Sa 10–16, So 12.30–14.30 Uhr, sonst kürzer, 50 NOK, bis 15 J. frei

Smelthytta

| Museum |

In der ehemaligen Schmelzhütte, dem Nachbau eines Originalgebäudes, das durch Feuer zerstört wurde, wird über den Prozess der Kupfergewinnung und die mehr als 300-jährige Geschichte des Kupferabbaus informiert.

■ Lorents Lossius gata 45, www.rorosmuseet.no, Mitte Juni–Mitte Aug. tgl. 10–18, Sept.–Mai 10–15 Uhr, 130 NOK, bis 16 J. frei

Parken

In der Nähe des Touristenbüros gibt es beim Einkaufszentrum einen großen kostenpflichtigen **Parkplatz**.

Restaurants

€€ | Kaffestuggu Røros Zur nostalgischen Atmosphäre in einem der ältesten Gebäude der Stadt passen Smørbrød, Rømmegrøt oder Reinsdyrburger. ■ Bergmannsgata 18, Tel. 72 41 10 33, www.kaffestuggu.no, tgl. ab 10 Uhr

Einkaufen

Lysgaard Per Lysgaard setzt seine blühende Fantasie in außergewöhnliche, farbenfrohe Keramikkreationen um. ■ Kjerkgata 5, www.lysgaard.no

Events

Rørosmartnan Der Wintermarkt Ende Februar lockt Händler, Besucher und Musiker an. ■ www.rorosmartnan.no

In der Umgebung

Olavsgruva

| Mine |

Im Sommer finden in der Kupfermine 13 km östlich der Stadt Führungen und Konzerte statt. Die Besucher gelangen in 50 m Tiefe durch ein weitverzweigtes Stollensystem.

■ www.rorosmuseet.no, Führungen Mitte Juni–Mitte Aug. 11, 13, 15 und 17, sonst Do, Sa 15 Uhr, 180 NOK, bis 16 J. frei

Übernachten

In den alten Kulturlandschaften im Zentrum Norwegens gibt es viele historische Unterkünfte. Ob ehemalige Poststationen oder Berghotels: Tradition zählt viel im konservativen Kernland. Die meisten Unterkünfte sind ideale Ausgangsorte für ausgedehnte Wanderungen. Einiger Trubel ist in den im Winter stets gut besuchten Skigebieten zu erwarten.

Jotunheimen 78

€€ | Fossheim Hotell Das gemütlich eingerichtete Hotel bietet komfortable Zimmer sowie einige Hütten und hat eine hochgelobte Küche. ■ Bergomsvegen 32, 2686 Lom, Tel. 61219500, www.fossheimhotel.no

Numedal 81

€€ | Best Western Gyldenløve Hotell Nüchterner Backsteinbau am Bahnhof, freundliche, komfortable Zimmer. ■ Hermann Fossgate 1, 3611 Kongsberg, Tel. 32865800, www.gyldenlove.no

Hallingdal 82

€€ | Dr. Holms Hotel In diesem weißen Holzpalast von 1909 erwartet den Gast der pure Luxus zu einem sehr fairen Preis. ■ Timrehaugveien 2, 3580 Geilo, Tel. 32095700, www.drholms.no

Mjøsa 84

€€ | Mølla Hotel Hotel in einem alten Mühlenkomplex. Einen schönen Blick auf die Stadt genießt man von der Toppen Bar im einstigen Getreidesilo. ■ Elvegate 12, 2609 Lillehammer, Tel. 61057080, www.classicnorway.no/hotell/aksjemollen

Østerdal 86

€–€€ | Erzscheidergården Das schöne alte Holzhaus in der Minenstadt hat urgemütlich eingerichtete Zimmer im Landhausstil. ■ Spell-Olaveien 6, 7374 Røros, Tel. 72411194, www.erzscheidergaarden.no

€–€€ | Femund Fjellstue Typische Fjellstue am Ostufer des Femundsees mit zwölf Zimmern und drei Hütten, außerdem Campingmöglichkeiten. Guter Ausgangspunkt für Wanderungen und Kanutouren. ■ 2446 Elgå, Tel. 62459541, www.femundfjellstue.no

ADAC Das besondere Hotel

Im 12 m hohen **Elgtårnet** (Elchturm), einer einzigartigen Unterkunft mitten im Wald im Espedalen, hat man die einmalige Gelegenheit, Elche zu beobachten. Viel Holz und Glas, Kaffeekochen auf dem Bullerofen, tolle Aussicht und hoffentlich ganze Elchherden rund um den Turm sind die Ingredienzien für einen originellen Natururlaub für bis zu sechs Personen.
€€–€€€ | Espedalsvegen 2346, 2658 Espedalen, Tel. 90837773, www.elgtarn.no (Preis je nach Personenzahl)

Der hohe Norden: Mittel- und Nordnorwegen

Grandiose Landschaften, majestätische Berge und märchenhaft anmutende Inseln zwischen Polarnacht und Mitternachtssonne

Nördlich von Trondheim werden die Orte bald kleiner und spärlicher. Fast alle Siedlungen liegen in der Nähe des Meeres, das im Nordland früher die einzige Lebensgrundlage bot. Im Landesinneren haben es nur die Samen geschafft, den widrigen Witterungsbedingungen zu trotzen. Norwegens nördlichste Provinz, die Finnmark, ist mit rund 1,5 Einwohnern pro Quadratkilometer auch die am dünnsten besiedelte. Einen Großteil macht die Finnmarksvidda aus, ein karges Hochplateau mit extremen Witterungsbedingungen, im Winter bitterkalt, im Sommer oft erstaunlich warm. Der Preis für die angenehmen Temperaturen sind jedoch Schwärme von Mücken. Wer Weite und Einsamkeit liebt, majestätische Berge und märchenhaft schöne Inseln sucht, den wird der hohe Norden nicht mehr loslassen.

In diesem Kapitel:

ADAC Top Tipps:

7 **Nidaros Domkirke, Trondheim**
| Dom |

Der Dom in Trondheim, um 1070 erbaut, ist das wichtigste gotische Baudenkmal in Norwegen. Im Mittelalter war er Nordeuropas bedeutendstes Pilgerziel. 95

8 **Lofoten**
| Insel |

Die Inselkette jenseits des Polarkreises fasziniert wegen der gezackten

Berge, die direkt aus dem Meer aufsteigen. Malerische Fischerhäfen im Licht der Mitternachtssonne, traumhafte Sandstrände und rot gestrichene »rorbuer«, Fischerhütten, bieten jede Menge Fotomotive. 103

9 Hjemmeluft, Alta

| Freilichtmuseum |

Warum haben die Menschen der Stein- und Bronzezeit sich die Mühe gemacht, Tausende von Bildern – Tiere, Menschen, Jagdszenen, Boote, Waffen und Muster– in die Felsen an der Küste zu ritzen? Lassen Sie Ihrer Fantasie freien Lauf. 112

10 Nordkap

| Aussichtspunkt |

Der Blick vom magischen Felsen ist für viele Nordlandreisende das Ziel der Träume. Aber auch die karge Nordkapinsel Magerøy, Norwegens einzige wirklich arktische Landschaft, hat einen ganz speziellen Reiz. 114

ADAC Empfehlungen:

21 Den Gyldene Omvei

| Genussstraße |

Egal, ob Käse, Brot, Fleisch, Bier, Aquavit, Gemüse oder Eis, auf dem »Goldenen Umweg« entlang der Straße 761 wird alles lokal produziert. 100

22 Nusfjord

| Stadtbild |

Den kleinen Hafen rahmt eine Reihe von »rorbuer«– Fischerhütten – und macht den Ort zu einem Lofotenidyll. 105

23 Walsafari

| Schiffsausflug |

Auf einer Walsafari von Andenes aus wird man garantiert die imposanten Pottwale zu sehen bekommen. 107

24 Tromsø

| Stadtbild |

Im Sommer bezaubert die Mitternachtssonne, im Winter die Polarlichter die Besucher von Tromsø. 108

25 Juhls Silvergallery, Kautokeino

| Einkaufen |

Der Däne Frank Juhls und seine Ehefrau Regine fertigen in ihrer Werkstatt ausgefallenen Silberschmuck. 116

34 Trondheim

Historische Hauptstadt, Krönungsstadt und Bischofssitz

Blick über den Nidaros-Dom und das Erzbischöfliche Palais hinweg auf Trondheim

Information

- Turistinformasjon, Kongens gate 11, 7013 Trondheim, Tel. 73 53 69 94, www.visittrondheim.no
- Parken siehe S. 98

Die drittgrößte Stadt des Landes ist zugleich eine der ältesten, 1997 feierte sie ihr 1000-jähriges Jubiläum. Nach den Sagaerzählungen von Snorre Sturlasson fand der Wikingerkönig Olav Tryggvasson auf einer seiner Reisen hier einen geschützten Hafen. Um 1025 wurde das Adelsgeschlecht von Nidaros aus einer Nebenlinie der Jarlefürsten gegründet. Der nächste bedeutende Regent Trondheims, des damaligen Nidaros, war Olav Haraldsson. Er machte die Stadt zu einem Zentrum der Christianisierung und zur bedeutendsten Siedlung des Landes.

Mehrere Brände wüteten im Laufe der Jahrhunderte in der Stadt, doch keiner so verheerend wie der von 1681. Mit dem Wiederaufbau beauftragte König Christian V. den Hugenottengeneral Johan Caspar Cicignon. Dieser ließ nach dem Vorbild vieler europäischer Großstädte breite, gerade Straßenzüge als Feuerschneisen anlegen. Aus dieser Zeit stammen die Festungen Kristiansten und Munkholmen. Heute ist Trondheim mit 195 000 Einwohnern das

Plan
S. 97

wichtigste Zentrum der Region Trøndelag. Mehr als 30 000 Studenten machen es zu einem der bedeutendsten Forschungs- und Studienorte Skandinaviens – und zu einer jungen Stadt mit lebendigem Kulturleben.

Sehenswert

1 Nidaros domkirke

| Dom |

7 *Meisterwerk der Kirchenbaukunst zu Ehren von Olav dem Heiligen*

Olav II. Haraldsson wurde nach seinem Tod in der Schlacht bei Stiklestad heiliggesprochen und zum »Rex Perpetuus Norvegiae«, zum ewigen König Norwegens ernannt. An seinem ersten Grab sprudelte eine heilkräftige Quelle, die sich zum Ziel unzähliger Wallfahrer entwickelte. Um 1070 wurde deshalb an dieser Stelle eine hölzerne Kapelle erbaut, aus der der heutige Nidaros-Dom hervorging. Die ältesten Teile der 100 m langen und 50 m breiten Kathedrale sind die Querschiffe und die Sakristei im romanischen Stil. Chor, Hauptschiff und der zentrale Turm wurden später im gotischen Stil hinzugefügt. Vom südlichen Querschiff des Kirchenbaus gelangt man auf den Turm, von dem man einen weiten Blick über die Stadt genießt.

■ Bispegata 11, www.nidarosdomen.no, Juni–Aug. Mo–Fr 9–18, Sa bis 15, So 13–17, sonst Mo–Sa 9–14, So 13–16 Uhr, Dom 120 NOK, Kinder 60 NOK, Kombi-Ticket mit Erkebispegården und Krönungsinsignien 240 NOK, Kinder 120 NOK, Turmbesteigung (nur Mai–Aug.) 70 NOK

2 Erkebispegården

| Museum |

Neben dem Dom steht das einstige Erzbischöfliche Palais, früherer Wohnsitz der Erzbischöfe. Heute ist darin ein Museum untergebracht, das Ausstellungen zur Geschichte Trondheims, eine Waffensammlung, Dokumente zum Widerstand im Zweiten Weltkrieg sowie die Krönungsinsignien zeigt. Auch der Rittersaal aus dem 12. Jh. kann besichtigt werden.

■ Kongsgårds gate 1b, www.nidarosdomen.no, Juni–Aug. Mo–Fr 10–17, Sa 11–15, So 12–16, sonst Di–Fr 11–14, Sa bis 15, So 12–16 Uhr, Museum 120 NOK, Kinder 60 NOK

ADAC Mobil

Im Jahr 1901 fuhr die erste Straßenbahn durch Trondheim. 1924 nahm die **Gråkallbahn** den Betrieb auf, bis heute ist sie die einzige Bahn geblieben und nennt sich stolz nördlichste Straßenbahnlinie der Welt. Endstation ist Lian im Stadtwald Bymarka, ein beliebtes Naherholungsgebiet.

3 Trondheim Kunstmuseum

| Museum |

In Trondheims Kunstmuseum, westlich vom Dom gelegen, sind norwegische und dänische Malerei ab 1850 zu sehen, darunter auch Werke von Edvard Munch. Regelmäßig wechselnde Ausstellungen zeigen norwegische und internationale Künstler. Das Museum hat eine Zweigstelle im Stadtteil Nedre Elvehavn (Trenerys gate 9).

■ Bispegata 7B, www.trondheimkunstmuseum.no, Mitte Juni–Aug. Di–So 11–16, sonst Mi 12–20, Do–So 12–16 Uhr, 140 NOK, bis 18 J. frei

4 Gamle Bybrua

| Brücke |

Die alte Stadtbrücke überspannt den Fluss Nidelva in der Nähe der Kathedrale. Von der Holzbrücke mit dem Glücksportal im neugotischen Stil bietet sich der beste Blick auf die Speicherhäuser aus dem 18. und 19. Jh., die zu beiden Seiten des Flusses auf Holzpfählen im Wasser stehen. Jenseits der Brücke liegt der Stadtteil Møllenberg mit vielen alten Holzhäusern und gemütlichen Cafés und Restaurants. Über dem Stadtteil thront die Festung Kristiansten, 1681 nach dem großen Brand von Caspar de Cicignon erbaut.

5 Torvet

| Marktplatz |

Auf dem Marktplatz kreuzen sich die Hauptachsen der Stadt: Kongensgate und Munkegata. In der Platzmitte erhebt sich eine Granitsäule mit der Statue des Stadtgründers Olav Tryggvason. Sie bildet eine riesige Sonnenuhr, im Pflaster kann man die Himmelsrichtungen ablesen. Vormittags findet hier ein Obst- und Gemüsemarkt statt.

6 Stiftsgården

| Architektur |

Eines der schönsten Holzgebäude der Stadt ist der Ende des 18. Jh. erbaute Stiftsgården. Seit 1906 ist er die offizielle Residenz des norwegischen Königs in Trondheim. Sind die Hausherren nicht da, können einige der prächtigen Innenräume besichtigt werden. Seit König Carl III. Johan (1818) finden hier die Krönungsfeierlichkeiten statt.

■ Munkegata 23, www.nkim.no/stiftsgarden, Führungen Juni–Mitte Aug. Mo–Sa stdl. 10–15, So 12–15 Uhr, 120 NOK, Kinder (6–18 J.) 70 NOK

7 Trondhjems Sjøfartsmuseet

| Museum |

Das Seefahrtsmuseum ist im ehemaligen Zuchthaus beheimatet. Es veranschaulicht an mehr als 200 Schiffsmodellen die Bedeutung, die die Schifffahrt für Trondheim einst hatte.

■ Kjøpmannsgata 75, trondheimsjofart.no, Juni–Aug. Mo–Fr 10–15, Sa, So 12–16, sonst Di–Fr 10–15, So 12–16 Uhr, 100 NOK, Kinder (bis 16 J.) frei

8 Rockheim

| Museum |

Norwegens erstes Pop- und Rockmuseum ist bereits mehrfach ausgezeichnet worden. Schon das Äußere ist be-

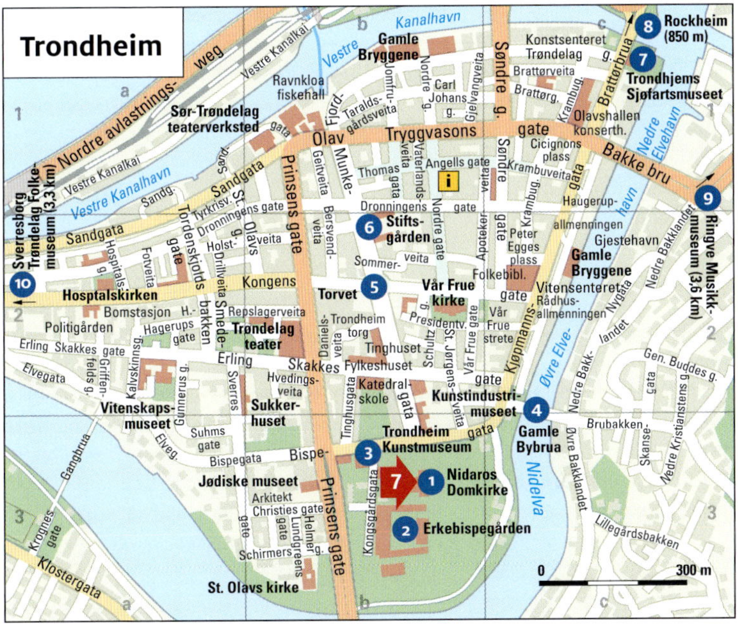

merkenswert: Einem alten Speicher im Hafengebiet wurde ein moderner Aufsatz verpasst, der abends bunt leuchtet. Im Innern trifft man auf einer multimedialen Reise durch Norwegens Musikgeschichte auf international und national bekannte Musiker.

■ Brattørkaia 14, www.rockheim.no, Sommer tgl. 10–17, sonst Di–Fr 10–16, Sa, So 11–17 Uhr, 160 NOK, bis 15 J. frei

9 Ringve Musikkmuseum

| Museum |

Norwegens Musikinstrumentenmuseum ist im Ringve Gård, einem Herrenhof aus dem 17. Jh., untergebracht. Die Räume sind wie zu Zeiten großer Komponisten (Grieg, Chopin, Beethoven, Mozart) eingerichtet. Im Rahmen von Führungen werden einige der Instrumente gespielt. Im Obergeschoss kann man sich mit einem Audioguide durch eine große Sammlung norwegischer Volksmusikinstrumente hören. Ein Spaziergang im Botanischen Garten und eine Pause im hübschen Café runden den Museumsbesuch ab.

■ Lade allé 60, www.ringve.no, Juni–Aug. tgl. 10–17, sonst Di–So 11–16 Uhr, 140–160 NOK, bis 15 J. frei

10 Sverresborg Trøndelag Folkemuseum

| Freilichtmuseum |

Eines der größten Freilichtmuseen des Landes beherbergt in einem Park über 60 historische Häuser aus der Region. Auch die Stabkirche von Haltdalen (1170) und die Ruine der Festung Sverresborg (1182) gehören zum Museum.

■ Sverresborg Allé 13, www.sverresborg.no, Mitte Juni–Mitte Sept. tgl. 10–17, sonst Di–Fr 10–15, Sa, So 11–15 Uhr, 140–180 NOK je nach Saison, bis 15 J. frei

Plan S. 97

Verkehrsmittel

Den Stadtkern von Trondheim kann man bequem zu Fuß besichtigen. Alternativ kann man sich ein **»bysykkel«**, ein Stadtfahrrad, ausleihen (Informationen im Touristenbüro oder unter www.trondheimbysykkel.no).

Parken

Auf den meisten **Parkplätzen** in der Innenstadt darf man höchstens 3 Std. stehen (1 Std. 15–30 NOK). Die **Parkhäuser** sind für Kurzparker bis 3 Std. nicht günstiger, für 24 Std. bezahlt man ab 160 NOK. Einige Hotels bieten günstigere Parkmöglichkeiten an.

Restaurants

€–€€ | **Baklandet Skydsstation** Das Gebäude in Møllenberg zählt zu den ältesten der Stadt und das Lokal zu den beliebtesten. ■ Øvre Bakklandet 33, Tel. 73921044, www.skydsstation.no, Mo–Fr 11–1, Sa, So 12–1 Uhr, Plan S. 97 c3

€€ | **Egon Tårnet** Im Drehrestaurant des Aussichtsturms Tyholttårnet gibt es leckere Kleinigkeiten von Tex-Mex über Pizza bis Steaks. ■ Otto Nielsens vei 4, Tel. 73873500, www.egon.no, tgl. mind. 10–22 Uhr, Plan S. 97 südöstl. c3

Einkaufen

Husfliden Die Husfliden-Läden haben Kunsthandwerk in ihrem Sortiment, beliebt sind vor allem die Strickwaren. ■ Olav Tryggvasons gate 18, Mo–Sa 10–18 Uhr, Plan S. 97 b1

Ravnkloa In der Fischhalle sind nicht nur alle Köstlichkeiten des Meeres frisch oder geräuchert zu kaufen, man bekommt auch einfache, frisch zubereitete Gerichte. ■ Munkegata 70, Mo–Fr 10–17, Sa 10–16 Uhr, Plan S. 97 b1

Kneipen, Bars und Clubs

€–€€ | **Trondhjem Mikrobryggeri** Bier und Burger sind die Spezialität des Brauhauses. ■ Prinsens gate 39, Tel. 92482200, www.tmb.no, Plan S. 97 b2

Bis zur Insel Munkholmen im Trondheimfjord sind es rund zwei Kilometer

ADAC Wussten Sie schon?

Eines der bekanntesten und beliebtesten Muster auf einem echten **Norwegerpullover** ist die Selbu-Rose. Sie wurde Ende des 19. Jh. von Marit Guldsetbrua Emstad aus Selbu, einem Städtchen unweit von Trondheim, erfunden.

Events

Trønders Matfestival Gourmetfestival an drei Tagen Mitte August, vor allem regionale Spezialitäten (www.matriket midt.no/tronderskmatfestival).

Sport

Styrkeprøven Die »Kraftprobe« ist ein Jedermann-Radrennen von Trondheim nach Oslo über 568 km, das Mitte Juni stattfindet. Es gibt auch: Kvam–Oslo (268 km), Lillehammer–Oslo (208 km), Hamar–Oslo (138 km) und Eidsvoll–Oslo (63 km). ■ styrkeproven.no

In der Umgebung

Munkholmen

| Festung |

Die kleine Insel im Trondheimfjord kann auf eine lange Geschichte zurückblicken. Unter Olav Tryggvason befand sich hier ein Richtplatz, später ein Benediktinerkloster, das abbrannte. Mitte des 17. Jh. wurde eine Festung als Gefängnis gebaut, im Zweiten Weltkrieg kamen Bunker dazu. Heute ist Munkholmen ein beliebtes Ausflugsziel mit kleinem Strand und Restaurant.

■ www.munkholmen.no, Fähre ab Ravnkloa, Juni–Aug. tgl. 10–18 Uhr, Ticket hin und zurück 110 NOK

35 Durchs Namdal nach Mo i Rana

Lachsflüsse, Gletscher und Höhlen auf dem Weg nach Norden

Information

■ Mo i Rana Turistinformasjon, Ole Tobias Olsens gate 3, 8622 Mo i Rana, Tel. 75 01 80 00, www.visithelgeland.com

Nördlich von Trondheim fährt man ein Stück am relativ dicht besiedelten Trondheimsfjord entlang, doch spätestens im Namdal werden die Ansiedlungen seltener, bestimmen ausgedehnte Nadelwälder und unzählige tiefblaue Seen die Landschaft. Besonders bei Anglern sorgt der Fluss Namsen für leuchtende Augen, denn er gilt als einer der besten Lachsflüsse. In der Nähe von Smalåsen und Majavatn passiert man auf der E 6 die Nordlandsporten. Das über die Straße gespannte stilisierte Polarlicht befindet sich an der Grenze der Regionen Nord-Trøndelag und Nordland.

Sehenswert

Stiklestad

| Gedenkstätte |

Am 29. Juli 1030 fiel König Olav in der Schlacht bei Stiklestad. Schon bald darauf wurde er heiliggesprochen und zu Norwegens »ewigem König« erklärt. Zu seinem Gedenken wird alljährlich im Nationalen Kulturzentrum Ende Juli das Freilicht-Schauspiel »Spelet om Heilag Olav« aufgeführt. Im Rest des Jahres kann man eine Ausstellung, eine Kirche mit mittelalterlichen Fresken und ein Freilichtmuseum anschauen.

■ 7656 Verdal, www.stiklestad.no

Den Gyldne Omvei

| Genussstraße |

21 *Regional schlemmen auf dem »Goldenen Umweg«*

Der schnellste Weg von Røra nach Steinkjer führt über die E 6. Es gibt aber eine lohnende Alternative: den »Goldenen Umweg« über die Straße 761. Von der Strecke her nur wenig länger, gibt es unterwegs aber so viel zu sehen, dass man sich mindestens einen Tag Zeit nehmen sollte. In Hofläden bekommt man Käse, Bier, Aquavit, Eis und Fleisch, kleine Cafés und Restaurants servieren regionale Spezialitäten.

■ dgo.no

Laksfors

| Wasserfall |

Auf breiter Front stürzt südlich von Mosjøen das Wasser des Laksfors tosend über eine 17 m hohe Treppe hinab. Vom Panoramacafé hat man einen guten Blick auf das Spektakel und die Angler, die hier ihr Glück versuchen. Auch springende Lachse kann man auf ihrem Weg zum Laichgebiet am Oberlauf des Flusses sehen.

Mosjøen

| Stadtviertel |

Bis auf die Sjøgata, einen historischen Straßenzug am Vefsnfjord, ist Mosjøen eine moderne Industriestadt. Hier entlang der »Seestraße« gibt es noch rund 100 Holzhäuser aus dem 18. und 19. Jh. Die meisten sind schön saniert, bunt gestrichen und überuas pittoresk.

Svartisen

| Gletscher |

Der Svartisen bei Mo i Rana ist der zweitgrößte Gletscher Norwegens. Wie fast überall ziehen sich auch am Svartisen die Gletscherzungen immer weiter zurück. Im Sommer befährt ein Boot den Gletschersee, von der Anlegestelle wandert man noch ca. 1 Std. zum Gletscherarm Østerdalsisen.

■ Überfahrt Mitte Juni–Ende Aug. 10, 12, 14, teils auch 16 Uhr

Kinder

Namsskogan Familiepark Im Tierpark bei Trones ca. 8 km südlich von Røra leben Elche, Rentiere, Bären und Damwild, außerdem gibt es einen Streichelzoo, Ponyreiten und Bootsverleih.

■ 7892 Trones, www.familieparken.no, Juni–Aug. tgl. 10–17, Juli bis 18 Uhr, 295–339 NOK, Kinder (3–15 J.) 265–305 NOK

Erlebnisse

Grønligrotta Die Grotte besteht aus verwinkelten Gängen, Höhlenbach und Gletschermühlen. Abzweigung von der E 6 bei Røssvoll nördlich von Mo i Rana ausgeschildert. ■ www.gronligrotta.no, Führungen Mittsommer–Ende Juni 10, 12, 14, Juli–Mitte Aug. stdl. 10–17 Uhr, 195 NOK, Kinder (4–14 J.) 130 NOK

36 Auf der Küstenstraße nach Bodø

Auf dem Kystriksveien: an der Küste entlang nach Norden

Information

■ www.visitnorway.no/reisemal/nord-norge/kystriksveien

■ Destinasjon Bodø, Dronningens gate 15, 8006 Bodø, Tel. 75 54 80 00, www.visitbodo.com

■ Turist Information Brønnøysund, Sømnaveien 92, 8900 Brønnøysund, Tel. 75 01 80 00, visithelgeland.com

Wer möglichst schnell in Richtung Nordkap möchte, nimmt die E 6, wer mehr Zeit hat, biegt nördlich von Steinkjer auf den Kystriksveien (Fv 17) ab und fährt entlang der Helgelandsküste bis nach Bodø. Für die mehr als 600 km lange Strecke sollte man sich schon ein paar Tage Zeit nehmen, weil ein halbes Dutzend Fjorde mit Fähren überquert werden müssen, die Straßen teils eng und kurvig sind, vor allem aber, weil es viel Sehenswertes zu entdecken gibt. Dazu zählen Inseln und blank polierte Schärenbuckel, ungewöhnliche Berge sowie Bodø, die wichtigste Stadt der Provinz Nordland.

Sehenswert

Kystmuseet Norveg

| Museum |

Hinter der modernen Fassade des Museums, die drei silbrig glänzenden Segeln gleicht, werden Ausstellungen zur 10 000-jährigen Küstenkultur gezeigt, angefangen bei den ersten Menschen, die dem Eis Richtung Norden gefolgt sind, bis hin zu den heutigen Herausforderungen als einer der führenden Fischereinationen der Welt.

■ Strandgata 7, 7900 Rørvik, kystmuseet norveg.no, Di–Fr 11–15, Sa bis 14 Uhr, 100 NOK, bis 16 J. frei

Torghatten

| Berg |

Der Berg, der in der Nähe von Brønnøysund aufragt, präsentiert sich mit einer geologischen Besonderheit: In der Mitte weist er ein Loch auf, das 35 x 20 m misst. Vom Fuß des Berges kann man in etwa einer halben Stunde zum Loch in 100 m Höhe hinaufsteigen. Der oft begangene Pfad führt an der Ostseite des Berges entlang.

De Syv Søstre

| Gipfel |

Im Osten von Alsten, einer Insel 100 km südwestlich von Mo i Rana, ragt das Massiv der »Sieben Schwestern« auf. Die sieben Gipfel sind ca. 1000 m hoch und können auf Wanderwegen bestiegen werden. Die Küstenstraße Fv 17 führt an der Westseite entlang, auf einem kurzen Abschnitt kann man alle sieben Bergspitzen auf einmal sehen.

Saltstraumen

| Naturschauspiel |

Im Wechsel der Gezeiten werden jeweils etwa 370 Mio. m³ Wasser durch dieses 150 m breite Nadelöhr, 30 km östlich der Stadt Bodø, gepresst. Der Saltstraumen ist der stärkste Gezeitenstrom der Welt, sein nährstoffreiches Wasser ist fischreich, deshalb versuchen viele Angler hier ihr Glück. Doch beim Angeln ist Vorsicht geboten: Es entstehen starke Strudel.

Norsk Luftfartsmuseum

| Museum |

Interessanteste Sehenswürdigkeit der Stadt Bodø ist das Norwegische Luftfahrtszentrum. Hier kann man u. a. die einzige zum Wasserflugzeug umgebaute JU 52 besichtigen und sich über die Entwicklung der zivilen und militärischen Luftfahrt informieren.

■ Olaf V gate, 8004 Bodø, www.luftfarts museum.no, Juni–Aug. tgl. 10–19, sonst Mo–Fr 10–16, Sa, So 11–17 Uhr, 175 NOK, Kinder 90 NOK

Verkehrsmittel

Fährverbindungen Von Bodø gibt es im Sommer mehrmals täglich Fähren, die nach Moskenes auf den Lofoten übersetzen. ■ www.torghatten-nord.no

Einst Handelsplatz, heute Freilichtmuseum: der malerische Ort Kjerringøy

Restaurants

€–€€€ | Hildurs Urterarium Speisen im Kräutergarten: Sommercafé und Restaurant Sagastua. ■ Tilrem 31, 8900 Brønnøysund, Tel. 41515213, www.hildurs.no, Café: Mitte Juni–Mitte Aug. tgl. 12–17 Uhr, Restaurant: nach Vorbestellung ab 19 Uhr

In der Umgebung

Kjerringøy

| Freilichtmuseum |

Malerisch liegt das Ensemble alter Holzhäuser aus dem 19. Jh. eine halbe Autostunde nördlich von Bodø am Meer vor eindrucksvoller Bergkulisse.

■ kjerringoyhandelssted.no, Mitte Mai–Ende Aug. tgl. 11–17, sonst Sa 11.30–15 Uhr, 120 NOK, bis 17 J. frei

37 Von Mo i Rana nach Narvik

Ins Land der Mitternachtssonne und nachtlosen Nächte

Information

■ Narvik Turistkontor, Kongensgate 41, 8515 Narvik, Tel. 76 96 56 00, www.visitnarvik.com

Die Kontraste könnten kaum größer sein: Nördlich von Mo i Rana fährt man lange durch das dicht bewaldete Dunderlandsdal, bis es auf die karge Hochfläche des Saltfjell hinaufgeht. 2100 km2 Gebirgslandschaft sind als Saltfjellet-Svartisen-Nationalpark unter Schutz gestellt. Je weiter man im Sommer nach Norden fährt, desto kürzer werden die Nächte. Am Polarkreis geht die Sonne zur Sommersonnenwende gar nicht mehr unter, allerdings für nur einen Tag. Eine wichtige Zwischenstation ist die Stadt Narvik, die ihre Existenz dem Eisenerz aus dem schwedischen Kiruna verdankt, das über den ganzjährig eisfreien Hafen verschifft wird.

Sehenswert

Polarsirkelsenteret

| Ausstellung |

Auf der imaginären Linie 66° 33' befindet sich direkt neben der E 6 das Polarkreiszentrum mit Ausstellungen über Kultur und Tourismus in Nordnorwegen. Es wurde 1990 gleichzeitig mit der neuen Streckenführung der E 6 über das Saltfjell eröffnet. Hier gibt es auch den begehrten Polarkreis-Stempel.

■ Saltfjellveien 1850, 8630 Storforshei, polarsirkelsenteret.no, tgl. 10–18 Uhr

Narvikfjellet

| Aussichtspunkt |

Vom 656 m hohen Narviker Hausberg, der sich östlich der Stadt erhebt, hat man einen einmaligen Blick auf die Stadt, den Erzverladehafen und den Fjord, an klaren Tagen sogar bis zu den Lofoten. Der Aufstieg dauert etwa zwei Stunden, es fährt auch eine Seilbahn, an der Bergstation starten markierte Wege und ein Mountainbike-Trail.

Narvik Krigsmuseum

| Museum |

Das modern gestaltete Museum, das sich gegenüber dem Rathaus von Narvik befindet, zählt zu den meistbesuchten Norwegens. Es dokumentiert den Zweiten Weltkrieg in Norwegen, beschäftigt sich darüber hinaus aber auch mit Krieg, Frieden und Menschenrechten im Allgemeinen.

■ Kongensgate 39, 8515 Narvik, www.warmuseum.no, Mitte Juni–Mitte Aug. Mo–Fr 10–19, Sa bis 18, So 12–18, sonst tgl. 10–16 Uhr, 130 NOK, Kinder 55 NOK

Verkehrsmittel

In Fauske muss man von der Bahn auf den **Nordnorwegen-Bus** umsteigen. Nördlich von Narvik zweigt die E10 zu den Lofoten ab, auf der **Lofast** genannten Route erreicht man alle Lofoteninseln ohne Fähre.

Restaurants

€–€€ | Fiskekroken Die unmittelbare Nähe des Fischmarktes von Narvik bürgt für Frische. Immer empfehlenswert sind die Tagesgerichte. ■ Kongensgate 42, 8515 Narvik, Tel. 40 40 19 83, www.facebook.com/FiskekrokenNarvik, Di–Do 12–19, Fr, Sa 13–21 Uhr

In der Umgebung

Hamarøy

| Ausstellung |

Auf dieser Insel südwestlich von Narvik hat der Dichter Knut Hamsun seine Kindheit und Jugend verbracht. Zu seinem 150. Geburtstag wurde 2009 der spektakuläre Holzturm des Hamsun-Zentrums in Hamarøy eröffnet. Die alle zwei Jahre (2024, 2026 etc.) stattfindenden Hamsun-Tage bieten Ausstellungen, Konzerte und Vorträge.

■ Vestfjordveien 1464, 8294 Hamarøy, www.hamsunsenteret.no, Juni–Aug. tgl. 10–18, sonst Di–Fr 10–15.30, Sa, So 11–17 Uhr, 100 NOK, bis 17 J. frei

38 Lofoten

8 *Archipel des Kabeljaus mit malerischen Fischerhäfen*

Information

■ Svolvær Turistinformasjon, Torget 18, 8301 Svolvær, Tel. 76 07 05 75, visitlofoten.com

Die rund 170 km lange Inselgruppe der Lofoten wird vom Festland durch den Vestfjord getrennt. Die fünf größten Inseln Moskenesøy, Flakstadøy, Vestvågøy, Gimsøy und Austvågøy sind durch Brücken oder Tunnel verbunden. Durch den Moskenstraumen getrennt, bilden Mosken, Værøy und Røst den Abschluss der Inselkette nach Süden. Schroff ragen die Berge teilweise mehr als 1000 m auf und bilden die weithin sichtbare Lofotenwand. Zwischen den Bergen breiten sich grüne Wiesen und kleine Dörfer aus. In den Häfen liegen Fischkutter vor einer meist imposanten Bergkulisse. Rot gestrichene Holz-

Im Blickpunkt

Die Lofot-Fischerei

Zu Beginn des Jahres wandert der arktische Winterkabeljau, der Skrei, von der Barentssee zu den Lofoten, denn dort finden die Fische ideale Laichbedingungen. Von den Fischern werden sie schon sehnsüchtig erwartet. Wegen jahrelanger Überfischung mussten die Fangquoten drastisch zurückgefahren werden, viele Fischer verloren deshalb ihre Existenzgrundlage. Doch auch heute noch herrscht hier zwischen Januar und April reges Treiben. Etwa 5000 Lofoter arbeiten heute noch hauptberuflich als Fischer. Früher wurde der gesamte Fang sofort ausgenommen und die Fische, paarweise an den Schwänzen zusammengebunden, für einige Monate auf große Holzgestelle zum Trocknen gehängt, heute werden zuerst die Kühlhäuser mit Filets gefüllt. Spätestens am 15. April wird es in den Häfen der Lofoten dann wieder ruhiger.

häuser, die »rorbuer«, einst einfache Fischerhütten auf Stelzen direkt am Wasser, sind das Markenzeichen der Lofoten. Heute werden sie meist an Feriengäste vermietet. In sanft geschwungenen Buchten entdeckt man traumhaft weiße Sandstrände.

Svolvær (4500 Einw.) ist die Hauptstadt der Lofoten, ein Bauboom verlieh dem Hafenbereich in den letzten Jahren ein postmodernes Aussehen, den Rest der Stadt beherrschen nüchterne Nachkriegsbauten.

Sehenswert

Nordnorsk Kunstnersenter

| Ausstellung |

Im Nordnorwegischen Künstlerzentrum in der Lofoten-Hauptstadt Svolvær gibt es jedes Jahr mehrere Wechselausstellungen. Der Schwerpunkt liegt dabei auf zeitgenössischer bildender Kunst und Kunsthandwerk. Im Museumsladen gibt es Kunst und Kunsthandwerk, Bücher und Plakate.

■ Torget 20, 8300 Svolvær, nnks.no, im Sommer Mo–Fr 10–21, Sa, So 10–18 Uhr, sonst kürzer, Eintritt frei

Trollfjord

| Fjord |

Einer der beliebtesten Ausflüge von Svolvær führt zum Trollfjord. Die Einfahrt in den etwa 2 km langen Fjord ist lediglich 100 m breit und wird von fast senkrechten Felswänden eingerahmt. Dahinter öffnet sich der Fjord zu einem beeindruckenden Amphitheater aus wilden Bergen. Während der dreistündigen Touren kann man auch Seeadler am Himmel kreisen sehen.

■ Torget, 8300 Svolvær, oykongen.no, Juni–Aug. tgl. 10 und 15 Uhr, 750 NOK, Kinder 350 NOK

Lofotakvariet

| Aquarium |

Alle Fische des Nordatlantiks, u. a. Heilbutt, Steinbutt und Dorsch, sind im Aquarium von Kabelvåg, rund 10 km südlich von Svolvær, zu sehen. Das Ticket für das Lofotakvariet gilt auch für die Galerie Espolin, die Werke des Nordland-Malers Kåre Espolin Johnson zeigt, sowie das Lofot-Museum in Storvågan, das über den örtlichen Fischfang informiert.

■ Storvåganveien 28, 8310 Kabelvåg, www.museumnord.no/vare-museer/lofotakvariet, Juni–Aug. tgl. 10–18 Uhr, sonst kürzer s. Webseite, 145 NOK, Kinder (3–15 J.) 90 NOK

Henningsvær

| Stadtbild |

Das rund 500 Einwohner zählende Fischerdorf Henningsvær, das gerne als »Venedig der Lofoten« für sich wirbt, erstreckt sich über mehrere Inseln, die durch kühn geschwungene Brücken verbunden sind. Bunte Holzhäuser drängen sich malerisch um den Hafen. Auf den Trockengestellen hängen bis in den Frühsommer die Dorsche. Bei klarer Sicht bietet sich ein einmaliger Rundumblick auf die Lofotenwand, den Vestfjord und die Berge auf dem Festland.

Galleri Lofotens Hus

| Ausstellung |

Untergebracht in einer restaurierten Fischhalle, zeigt diese Galerie in Henningsvær Werke nordnorwegischer Künstler, die sich mit Lofotenmotiven einen Namen gemacht haben.

■ Misværveien 18, 8312 Henningsvær, www.galleri-lofoten.no, Juli–Mitte Aug. tgl. 10–21 Uhr, sonst kürzer, 120 NOK, Kinder 50 NOK

Lofotr Vikingmuseum

| Museum |

Bei Borg auf der Lofot-Insel Vestvågøy wurden die Reste eines großen Häuptlingssitzes aus der Wikingerzeit ausgegraben und originalgetreu nachgebaut. Das Haupthaus ist 83 m lang und vollständig eingerichtet, hier wird gewebt, gestrickt, gesponnen und gefärbt. Im August wird ein großes Wikingerfestival veranstaltet.

■ Prestegårdsveien 59, 8360 Bøstad, www.lofotr.no, Mitte Juni–Mitte Aug. tgl. 10–19 Uhr, sonst kürzer, je nach Saison 180–225 NOK, Kinder (6–15 J.) 140–150 NOK

Nusfjord

| Stadtbild |

22 *Postkartenidyll und klassisches Lofotenmotiv auf Flakstadøy*

Um den winzigen, hufeisenförmigen Hafen von Nusfjord, Weltkulturerbe der UNESCO, schmiegt sich eine Reihe roter »rorbuer« – Fischerhütten: das klassische Lofotenmotiv. Nur knapp 100 Menschen leben in dem Dorf auf der Insel Flakstadøy, der Tourismus hat den Dorschfang als wichtigste Einnahmequelle abgelöst, sämtliche »rorbuer« rund um den Hafen werden an Urlauber vermietet.

Hamnøy und Reine

| Stadtbild |

Die schönste Lage vor majestätischer Bergkulisse hat der Doppelort Hamnøy/Reine – durch drei Brücken miteinander verbunden – auf der Insel Moskenesøy. Malerisch gruppieren sich die »rorbuer« (Fischerhütten) und Holzhäuser um einen großen See, den Reinevatnet. Nicht minder spektakulär zeigt sich Ramberg auf der Insel Flakstadøy mit seinem schönen, sichelförmigen Sandstrand.

Å Fiskeværsmuseum

| Museum |

Å, das südlichste Fischerdorf der Lofoten auf der Insel Moskenesøy und seit 1843 in Besitz der Familie Ellingsen, ist ein bewohntes Freilichtmuseum mit Trankocherei, Schmiede, Bäckerei und Café. Im Stockfischmuseum, dem Lofoten Tørrfiskmuseum, in einem alten Speicher im Hafen, erfahren Besucher alles über den luftgetrockneten Fisch. ■ Å i Lofoten, 8392 Sørvågen, www.museumnord.no/vare-museer/norsk-fiskevaersmuseum, Juni–Aug. tgl. 11–18, sonst Mo–Fr 11–15 Uhr, 110 NOK, Kinder (6–17 J.) 80 NOK

Verkehrsmittel

Von Süden erreicht man die Lofoten täglich mit der **Fähre** von Bodø nach Moskenes. Von Bognes gibt es eine **Autofähre** nach Lødingen. Im Sommer kann man auch die Autofähre von Skutvik nach Svolvær nehmen. ■ www.torghatten-nord.no

Restaurants

€€ | Fiskekrogen Das Hafenrestaurant serviert Fischgerichte. Preisgünstig: Lunch 12–16 und Fischsuppe 16–17 Uhr. ■ Dreyersgate 29, 8312 Henningsvær, Tel. 76 07 46 52, www.fiskekrogen.no, Do, Fr 17–22, Sa 13–22, So 13–20 Uhr

39 Vesterålen

Im Königreich der Wale: Pottwale im Sommer, Buckelwale im Winter

Information

■ Turistinformasjon Vesterålen, Rådhusgata 11, 8400 Sortland, Tel. 76 11 14 80, www.visitvesteralen.com

Die Vesterålen bilden die nördliche Verlängerung der Lofotenkette. Ähnlich wie auf den Lofoten erheben sich auch hier schroffe Gebirge direkt aus dem Meer. Doch die Vesterålen wirken mit ihren ausgedehnten Mooren, einigen rund geschliffenen Gipfeln und den fruchtbaren Ebenen weitläufiger und offener. In der Ortschaft Andenes am nördlichen Ende des Vesterålen-Archipels herrscht im Sommer wegen der Walsafaris viel Betrieb, doch der Rest der Inselgruppe ist noch lange nicht so überlaufen wie die Lofoten.

Sehenswert

Hurtigrutemuseet

| Museum |

In Stokmarknes haben die Hurtigruten ihren Ursprung. Das Museum dokumentiert die Entwicklung der Postschiffroute. Vor dem Museum hat die »M/S Finnmarken« nach ihrer Ausmusterung 1993 ihren letzten Hafen in einer spektakulären Glashalle gefunden. ■ Richard Withs plass, 8450 Stokmarknes, Tel. 90 99 64 12, www.hurtigrutemuseet.no, Ende Mai–Mitte Sept. tgl. 10–17, sonst Mo–Fr 11–15.30, Sa, So 11–17 Uhr, 180–195 NOK, Kinder (6–15 J.) 140–145 NOK

Nyksund

| Stadtbild |

Vor gut 100 Jahren war Nyksund noch ein lebendiges Fischerdorf. Doch dann zogen die meisten Fischerfamilien fort, und Nyksund wurde zum Geisterdorf. Doch einige Idealisten haben dem Ort neues Leben eingehaucht – vor allem am Wochenende schlendern Neugierige durch die Straßen, füllen Café und Restaurant oder übernachten im Gästehaus Holmvik Brygge.

■ www.nyksund.com

Verkehrsmittel

Auto Man erreicht die Vesterålen über die E6. Mehrere Brücken und Tunnel verbinden die Inseln untereinander.

Senjafergene Im Sommer pendelt tgl. eine Fähre zwischen Andenes und der Insel Senja, sie verkürzt die Fahrt von den Vesterålen nach Tromsø (www.whalesafari.no).

Erlebnisse

23 **Walsafari** In Andenes starten Walsafaris mit fast 100%iger Sichtungswahrscheinlichkeit. Das Walsafarizentrum befindet sich neben dem großen roten Leuchtturm in Andenes. ■ Hamnegata 1C, 8480 Andenes, Tel. 7611 5600, www.whalesafari.no, ab 1450 NOK, 1–4 J. ab 570 NOK, 5–13 J. ab 1015 NOK

Im Blickpunkt

Aurora Borealis – Magische Himmelslichter

Seit jeher haben die Menschen das Polarlicht mit Mythen, Aberglauben und Übersinnlichem belegt. Und selbst eher nüchterne Wissenschaftler wie der norwegische Polarforscher Fridtjof Nansen konnten sich der Faszination des Polarlichtes nicht entziehen; er schrieb: »Das Nordlicht funkelt heute in allen Farben des Regenbogens über den Himmel. Selten habe ich kräftigere Farben gesehen, zuerst war Gelb vorherrschend, dann ging es in Grün über, um schließlich gegen Ende in feurigem Rubinrot zu erstrahlen. Dicht über dem Horizont zeigte sich eine Feuerschlange, die stärker und stärker leuchtete, je weiter sie nach oben stieg.« Die wissenschaftliche Erklärung: Polarlichter entstehen, wenn die Partikel des Sonnenwindes in der Erdatmosphäre auf Sauerstoff- oder Stickstoffmoleküle treffen. Durch den Aufprall wird ein Teil der Bewegungsenergie in Licht umgewandelt.

40 Tromsø

Pforte zum Eismeer: Wo das arktische Abenteuer beginnt

Tromsø ist die größte Stadt Nordnorwegens, hier mit Blick auf die Ishavskatedralen

Information

- Visit Tromsø, Samuel Arnesensgata 5, 9253 Tromsø, Tel. 77 61 00 00, www.visittromso.no
- Parken siehe S. 111

24 *Mitternachtssonne im Sommer, Polarlichter im Winter*

»Paris des Nordens« und »Pforte zum Eismeer« sind die Attribute, mit denen sich Tromsø häufig schmückt. Auch kokettiert die Stadt gern mit ihrer Lage jenseits des Polarkreises: Nicht nur die nördlichste Universität hat sich hier angesiedelt, auch Botanischer Garten, Brauerei und Kathedrale beanspruchen diesen Superlativ für sich. Mit rund 78 000 Einwohnern ist Tromsø die größte Stadt nördlich des Polarkreises, und im Vergleich zu anderen nordnorwegischen Städten sprüht die Stadt geradezu vor Leben. Dies liegt vor allem an den mehr als 10 000 Studenten, die viel zur lebendigen Kultur- und Kneipenszene beitragen.

Schon seit Jahrtausenden leben hier Menschen, wie Siedlungsspuren und Felszeichnungen beweisen. 1252 wurde an der Küste eine kleine Kirche errichtet. 1794 erhielt Tromsø Stadtrechte. Den wirtschaftlichen Aufschwung brachten die Heringsfischerei und der Walfang im 19. Jh. 1940 war Tromsø für

Plan S. 110

einige Wochen Hauptstadt des noch nicht besetzten Landes. Als einzige Stadt Nordnorwegens überstand sie den Krieg relativ unbeschadet, deshalb gibt es im Zentrum noch einige Holzhäuser zu entdecken, vor allem in den Straßen Sjøgate, Skippergata, Grønnegata und Strandgata. Doch überwiegen im Stadtbild die modernen Bauten. In den Jahren nach 1960 erlebte Tromsø ein starkes Bevölkerungswachstum, u. a. bedingt durch die Gründung der Universität und des Norwegischen Polarinstituts. Das Stadtzentrum erstreckt sich auf der Insel Tromsøy, eine gut 1000 m lange Brücke verbindet sie mit dem Festland.

Sehenswert

1 Polaria

| Ausstellung |

Von außen wirkt das arktische Erlebniszentrum wie übereinander geschobene Eisschollen. Im Innern wartet auf die Besucher ein Aquarium mit einheimischen Fischen und gläsernem Tunnel, es wird ein Panoramafilm über Spitzbergen gezeigt, und Ausstellungen informieren über die Arktis. Besondere Attraktion ist die Fütterung der Bartrobben um 12.30 und 15 Uhr.

■ Hjalmar Johansensgate 12, www.polaria.no, Mitte Mai–Aug. tgl. 10–17, sonst bis 16 Uhr, 210 NOK, Kinder (3–15 J.) 110 NOK

2 Nordnorsk Kunstmuseum

| Museum |

Die Dauerausstellung umfasst Kunst und Kunsthandwerk von 1800 bis zur Gegenwart und legt den Fokus auf nordnorwegische Kunst. DIe gezeigten Exponate bestehen aus Gemälden, Zeichnungen, Fotografien, Skulpturen und Textilarbeiten. Daneben sind in dem Museum wechselnde Ausstellungen zeitgenössischer und historischer Kunst zu sehen.

■ Sjøgata 1, www.nnkm.no, tgl. 10–17 Uhr, 80 NOK, Kinder frei

3 Troll Museum

| Museum |

Ganz Norwegen ist von Trollen bevölkert. In Tromsø kann man sie sich in aller Ruhe im Museum anschauen – und das sogar multimedial.

■ Kaigata 3, trollmuseum.no, tgl. 9–19 Uhr, 180 NOK, Kinder (5–12 J.) 100 NOK

4 Polarmuseet

| Museum |

Viel Raum widmet das Museum Norwegens bekanntestem Polarforscher Roald Amundsen und seiner Südpolexpedition, die von Tromsø aus startete. Außerdem gibt es Ausstellungen, die sich mit Walfang, Tieren im hohen Norden und der Barentssee befassen. Untergebracht ist das Museum in einem denkmalgeschützten Zollhaus, von 1830.

■ Søndre Tollbodgata 11, www.uit.no/tmu/polarmuseet, Juni– Mitte Aug. tgl. 9–17, sonst 11–17 Uhr, 100 NOK, bis 18 J. frei

5 Ishavskatedralen

| Kirche |

Auf der Landseite der Tromsøbrua erhebt sich auf einem Hügel die 1965 vom norwegischen Architekten Jan Inge Hovig erbaute Eismeerkathedrale. Das bekannteste Wahrzeichen Tromsøs erinnert an Trockenfischgestelle, soll aber Eisschollen, die Polarnacht und das Nordlicht symbolisieren.

■ Hans Nilsens vei 41, www.ishavskatedralen.no, Juni–Mitte Aug. Mo–Sa 9–18, So ab 13 Uhr, sonst kürzer, im Juni und Juli tgl. Orgelkonzerte, 70 NOK, bis 12 J. frei

6 Fjellheisen

| Seilbahn |

In der Nähe der Eismeerkathedrale befindet sich die Talstation der Kabinenseilbahn Fjellheisen zum 420 m hohen Hausberg Storsteinen. Der Rundumblick ist grandios, im Restaurant Fjellstua kann man sich die Zeit bis zur Mitternachtssonne vertreiben.

■ Solliveien 12, www.fjellheisen.no, Juni, Juli tgl. 10–1, sonst 9–24 Uhr, Berg- und Talfahrt 320 NOK, Kinder (3–15 J.) 160 NOK

7 Tromsø Forsvarsmuseum

| Museum |

In der früheren Marinebatterie wird eine militärhistorische Ausstellung über das deutsche Schlachtschiff »Tirpitz« gezeigt, das am 12. November 1944 bei Tromsø versenkt wurde.

■ Solstrandveien 370, Midtre Kaldslett, www.tromsoforsvarsmuseum.no, Juni–Aug. Sa, So 12–16, Mai, Sept. So 12–16 Uhr, 50 NOK, Kinder 25 NOK

8 Tromsø Museum

| Museum |

Das Tromsø-Museum zeigt eine umfassende Ausstellung über Geschichte und Kultur der Samen, die in der Region seit Jahrtausenden ansässig sind. Darüber hinaus widmet es sich der Tier- und Pflanzenwelt Nordskandinaviens.

■ Lars Thørings veg 10, www.uit.no/tmu/tmu, Mitte Juni–Aug. tgl. 9–18, sonst Mo–Fr 10–16.30, Sa 12–15, So 11–16 Uhr, 100 NOK, bis 18 J. frei

9 Vitensenteret
| Planetarium |

Das Wissenschaftszentrum präsentiert rund 100 interaktive Installationen. Das Nordlichtplanetarium erläutert Himmelsphänomene, außerdem in einer spektakulären Lichtshow das Nordlicht. ■ Hansine Hansensveg 17, www.nordnorsk.vitensenter.no, tgl. 11–16 Uhr, 130 NOK, Kinder (ab 3 J.) 70 NOK

Verkehrsmittel

Täglich laufen die Schiffe der **Hurtigruten** den Hafen für einen längeren Stopp an. Im Sommer ist Tromsø Anfangs- und Endpunkt von verschiedenen **Spitzbergen-Kreuzfahrten**.

Parken

Die Stadt hat viele verschieden teure Parkzonen. In der Regel ist Mo–Fr 8–17 und Sa 8–14 Uhr die teuerste Zeit (12–32 NOK/Std.). Eine der besten Parkmöglichkeiten bietet das **Fjellet parkeringshus** im Tunnel, der unter der Stadt hindurchführt. Nur für Fahrzeuge bis 2,20 m Höhe! ■ Plan, S. 110 b3

Restaurants

€€–€€€ | Arctandria Sjømat Restaurant Zentral und sehr beliebt. Man hat die Wahl zwischen drei Restaurants unter einem Dach. Das Arctandria ist ein edles, hochpreisiges Fischrestaurant, das auch samische Spezialitäten auf der Karte hat. Im Skarvens Biffhuset kommen Steaks auf den Tisch. Skarvens Kro serviert vor allem kleine Gerichte. ■ Strandtorget 1, Tel. 77 60 07 20, www.skarven.no, Arctandria Mo–Sa ab 16 Uhr, Biffhus tgl. ab 15.30 Uhr, Skarvens Kro tgl. ab 11 Uhr, S. 110 b3

Einkaufen

Blåst Hier kann man miterleben, wie gläserne Kunstwerke entstehen. ■ Peder Hansensgate 4, www.blaast.no, Mo–Fr 10–17, Sa bis 16 Uhr, S. 110 b3

Kneipen, Bars und Clubs

Blårock Café Rock 'n' Roll-Café und Bar. An den Wochenenden sorgen DJs für Stimmung, manchmal treten Bands auf. Zum Bier gibt es Pub-Food. ■ Strandgata 14/16, www.blarock.no, Mo–Do 11.30–2, Fr, Sa 11.30–3.30, So 13–2 Uhr, S. 110 b3

Events

Jazzfestival Mitte August steht die Stadt Tromsø für vier Tage ganz im Zeichen in- und ausländischer Jazzmusiker. ■ www.tromsojazzfestival.no

Sport

Marathon Im Januar findet der Mørketidsløp, ein winterlicher Halbmarathon, statt, im April der Skimarathon und Mitte Juni der Mitternachtssonnen-Marathon. ■ www.msm.no

ADAC Mittendrin

Die **Ølhallen** in der Storgata (Mo–Do 11–0.30, Fr, Sa 12–1.30, So 13–18 Uhr) ist seit 1928 eine Institution. In die Bierhalle geht man, um Bier zu trinken, vor allem das einheimische Mack-Bier. Bis in die 1970er-Jahre tranken hier hauptsächlich Fischer und Arbeiter ihr Bier, erst als die Universität öffnete, kamen auch Studenten und Professoren.
www.mack.no/olhallen

In der Umgebung

Sommarøy

| Insel |

Wer von Tromsø auf dem Weg zur Fähre nach Senja ist, muss einen Abstecher auf die Sommerinsel machen. Herrliche Sandstrände und ein winziger Fischerort vor eindrucksvoller Kulisse verleiten dazu, eines der Ferienhäuser am Wasser zu mieten.

Senja

| Insel |

Auf Norwegens zweitgrößter Insel führt von Botnhamn nach Gryllefjord eine spektakuläre »Norwegische Nationale Landschaftsroute«. Fast 1000 m hoch ragen die Berge unvermittelt aus dem Meer, dazwischen schneiden Fjorde tief ins Land. Kleine Orte mit bunten Häusern drängen sich auf dem Landstreifen zwischen Meer und Gebirge, Sandstrände laden zu Spaziergängen ein.

41 Von Narvik nach Alta

Auf den Spuren der Steinzeitkünstler: Weltkulturerbe und Touristenattraktion

Information

■ Turistinformasjon Alta, Labyrinthen 3, 9510 Alta, Tel. 99 10 00 22, www.visitalta.no

Nördlich von Narvik verläuft die E 6 zunächst durchs Landesinnere, wird dann zur Panoramatour entlang mehrerer Fjorde. Mit 120 km ist der Lyngenfjord einer der längsten des Landes, zudem einer der spektakulärsten. Am Ostufer eröffnen sich fantastische Blicke auf die Lyngsalpen mit steil aufragenden Gipfeln, Gletschern und tiefen Schluchten. Geradezu lieblich wirkt dagegen die Landschaft um den Ort Alta an der Mündung des gleichnamigen Flusses in den Altafjord.

Sehenswert

Hjemmeluft

| Freilichtmuseum |

9 *Rätselhafte Kunst aus der Stein- und Bronzezeit*

Größte Sehenswürdigkeit von Alta ist die bei Hjemmeluft gelegene archäologische Fundstätte mit jungstein- und bronzezeitlichen Steinritzungen – Weltkulturerbe der UNESCO. Gefunden wurden etwa 3000 verschiedene Motive: Tiere, Jagdszenen, Menschen, Boote, Waffen und diverse Muster; ihre Bedeutung ist unklar. Zur besseren Sichtbarkeit wurden viele der nur wenige Millimeter in den Fels geritzten Figuren mit roter Farbe ausgemalt.

■ Altaveien 19, 9510 Alta, www.altamuseum.no, Juni–Mitte Aug. tgl. 9–19, Mitte–Ende Mai, Mitte Aug.–Mitte Sept. 9–17, sonst Mo–Fr 9–15, Sa, So 11–16 Uhr, Sommer 145 NOK, Kinder 45 NOK, Winter 95/30 NOK

Verkehrsmittel

Von Olderdalen am Lyngenfjord gibt es eine **Fähre** nach Lyngseidet, sie bietet sich für einen Abstecher auf die Lyngen-Halbinsel an. ■ www.visit-lyngenfjord.com/no/turistinfo-olderdalen/ferge

Restaurants

€€ | Gargia Fjellstue Auf dem Weg zum Alta-Canyon kann man sich im Hotel-Restaurant mit traditionellen Finnmark-Gerichten stärken. ■ Gargia, Tel. 78 43 33 51, gargialodge.no

Kinder

Polar Park In dem Wildtierpark leben unter naturnahen Bedingungen die vier großen Raubtiere des Nordens: Wolf, Luchs, Braunbär und Vielfraß, zudem Moschusochsen, Rentiere und Rothirsche. ■ Bonesveien 319, 9360 Bardu, www.polarpark.no, Juni–Aug tgl. 10–18, sonst tgl. 10–15/16 Uhr, 315 NOK, Kinder (2–15 J.) 150 NOK

In der Umgebung

Alta Canyon

| Schlucht |

Nordeuropas längste (6 km) und tiefste (bis zu 400 m) Schlucht – der samische Namen lautet Sautso – liegt ca. 25 km südlich von Alta und kann mit einem traditionellen Langboot erkundet werden, Touren organisiert das Touristenbüro in Alta (siehe S.112). Oder man wandert von der Gargia Fjellstue (siehe Restaurants S.112) aus über die Finnmarksvidda und wirft einen Blick von oben in den Canyon.

42 Hammerfest

Vom Schiffsanlegeplatz zur nördlichsten Stadt der Welt

Information

■ Hammerfest Turist AS, Hamnegata 3, 9600 Hammerfest, Tel. 78 41 21 85, www.visithammerfest.net

Lange Zeit galt Hammerfest als nördlichste Stadt der Welt, bis Honningsvåg diesen werbewirksamen Superlativ für sich beanspruchte. Doch seit die Ausbeutung des Erdgasfeldes vor der Küste angelaufen ist und das gesamte Geschäft von Hammerfest aus gemanagt wird, sind Tourismus und Fischerei nicht mehr die wichtigsten Einnahmequellen. Die Erdgasförderung hat in Hammerfest zu einem Bauboom geführt, der das Stadtbild komplett verändert hat. Wer einen Blick von oben auf die Stadt werfen möchte, kann über einen Serpentinenpfad den Aussichtspunkt Salen erklimmen.

Der Hafen von Hammerfest ist dank des Golfstromeinflusses das ganze Jahr eisfrei

Sehenswert

Arktisk kultursenter

| Kulturzentrum |

Modernes Wahrzeichen der Stadt und kulturelles Herz der Gemeinde und der Region ist der kubische, mit rotem Holz verkleidete Bau des Arktischen Kulturzentrums, das über zwei Konzert- und Kinosäle, eine Galerie und ein großes Foyer verfügt und ein vielfältiges Film- und Konzertprogramm bietet. Informationen über Gebäude und Veranstaltungen finden sich auf der Webseite.

■ Strandgata 30, www.aks.no

Royal and Ancient Society of Polar Bears

| Ausstellung |

Im Rathaus residiert der Königliche Eisbärenklub, in dem man gegen eine Gebühr Mitglied auf Lebenszeit werden kann. Eine kleine Ausstellung zeigt vielfältige Exponate, die die Geschichte der Stadt dokumentieren, darunter ausgestopfte Tiere wie Eisbären, Robben und Luchse, außerdem Gemälde, Fotos und Schriftstücke.

■ Strandgata 29, www.isbjornklubben.no, Mo–Mi 10–17, Do bis 18, Fr bis 14 Uhr, Eintritt frei

Gjenreisningsmuseet

| Museum |

Das Museum des Wiederaufbaus berichtet eindrucksvoll von den dramatischen Ereignissen des Zweiten Weltkriegs, der Zerstörung der Stadt, die durch deutsche Truppen im Winter 1944/45 dem Erdboden gleichgemacht wurde, und dokumentiert die immensen Anstrengungen, die verheerenden Schäden des Zweiten Weltkriegs zu beheben.

■ Kirkegata 19, kystmuseene.no, tgl. 10–16 Uhr, 90 NOK, bis 16 J. frei

43 Nordkap

10 *Sehnsuchtsziel einer langen Reise: Europas nördlichster Punkt*

Information

■ Visit Nordkapp, Fiskeriveien 4D, 9750 Honningsvåg, Tel. 78 47 70 30, www.nordkapp.no

71° 10′ 21″ nördlicher Breite! Diese Zahlen markieren das Traumziel vieler Nordlandfahrer. Hier befindet sich das Nordkap – der norwegische Name lautet übrigens Nordkapp –, der vermeintlich nördlichste Punkt Europas. Auch wenn das Nordkap diesen Superlativ gar nicht verdient – die benachbarte Landzunge Knivskjellodden schiebt sich noch ein Stück weiter ins Nordmeer –, zieht es doch alle zum mehr als 300 m senkrecht abfallenden Nordkapfelsen auf der Insel Magerøy. Die »magere Insel« ist Norwegens einzige wirklich arktische Landschaft und ist selbst im Sommer nur von spärlichem Grün überzogen.

Sehenswert

Nordkapphallen

| Ausstellung |

Weil sich der Nordkapfelsen oft in dichten Nebel hüllt, wurde die Nordkapphalle in den Fels gesprengt. Diese bietet statt des erhofften Fernblicks eine ziemlich skurrile Mischung aus Videoshow, Thaipavillon, Kapelle, Postamt, Touristeninformation, Cafés, Restaurants und riesigem Souvenirshop.

■ www.visitnordkapp.net, Mitte Mai–Aug. tgl. 11–1, erste Septemberhälfte bis 22, sonst tgl. 11–15/17 Uhr, 310 NOK (sämtl. Angebote), 7–15 J. 90 NOK

Verkehrsmittel

Der **Tunnel** zwischen Kåfjord und Honningsvåg bildet den Zugang zur Nordkapinsel und kostet keine Maut.

Parken

Vor der Nordkaphalle befindet sich ein großer **Parkplatz**, der bis auf Weiteres kostenlos benutzt werden kann. Der Besuch der Nordkaphalle kostet 310 NOK pro Person.

44 Finnmark

Im Land der Samen: Norwegens äußerster Nordosten

Information

■ Karasjok Turistinformasjon, Leavnnjageaidnu 1, 9735 Karasjok, Tel. 78 46 88 00, www.visitnorway.no/reisemal/nord-norge/karasjok

Die Finnmarksvidda bildet das größte Hochplateau Norwegens, weite Teile liegen zwischen 300 und 600 m ü. d. M. So weit das Auge reicht, nur grüne, mit Birken und Nadelbäumen bewachsene Hügel, dazwischen Seen und Flüsse. Die einzigen Orte inmitten der Wildnis sind Kautokeino und Karasjok, die inoffizielle Hauptstadt des Samenlandes. Hier befinden sich auch der Sitz des autonomen Parlaments der Samen, Theater, Bibliothek, Künstlerzentrum und samische Sammlungen. Kautokeino gilt als »Rentierstadt«, denn rund ein Drittel der Bevölkerung bestreitet den Lebensunterhalt mit der Rentierzucht. Doch im Sommer sind kaum Rentiere zu sehen, denn sie haben ihre Sommerweiden in Küstennähe.

Im Blickpunkt

Sápmi und die Samen

Das Siedlungsgebiet der Samen erstreckt sich von der schwedischen Provinz Dalarna im Süden über große Teile Nordnorwegens, Nordschwedens und Nordfinnlands bis zu den Küsten des Weißen Meeres und der Barentssee in Russland. Die Samen nennen ihr Siedlungsgebiet Sápmi oder Same Ätnan. Von den rund 90 000 bis 140 000 Samen lebt der Großteil in Norwegen. Genaue Zahlen gibt es nicht, denn die Samen standen lange unter einem enormen Assimilationsdruck. Sich zur samischen Identität zu bekennen, brachte nur Nachteile, Sprache und Kultur wurden überall systematisch unterdrückt. Erst seit den frühen 1980er-Jahren gibt es so etwas wie eine Renaissance der samischen Kultur. Wer in Richtung Nordkap unterwegs ist, begegnet den ersten und vermutlich auch einzigen Samen in einem der Lager mit Souvenirshops, die im Sommer entlang der Hauptverkehrsrouten aufgebaut sind. Für die Touristen ziehen sie die bunten Trachten an und lassen sich mit ihren Rentieren fotografieren. Doch die Idylle täuscht: Heute sind nur noch wenige Samen im Hauptberuf Rentierzüchter, auch das Nomadenleben haben inzwischen fast alle aufgegeben. Schneescooter und Helikopter haben längst den Rentierschlitten abgelöst. Mehrheitlich samisch ist die Bevölkerung in Kautokeino, das als Hauptstadt der Samen gilt, und in Karasjok.

Die Finnmark, Norwegens größte und bevölkerungsärmste Region, vom Schiff aus

Sehenswert

Riddo Duottar Museat

| Freilichtmuseum |

Das Museum bietet Norwegens umfassendste Sammlung an Exponaten, die Kultur und Lebensweise der Samen dokumentieren. Hier kann man auch eine traditionelle Samensiedlung sehen. Eine Ausstellung vermittelt mit Trachten und Fotos Einblicke in die samische Kulturgeschichte.

■ Mari Boine geaidnu 17, 9730 Karasjok, www.rdm.no, Juni–Aug. tgl. 9–18 Uhr, sonst kürzer, 80 NOK, bis 15 J. frei

Sápmi Park

| Kulturzentrum |

Eine samische Familie zeigt ihre alltägliche Arbeit an einem traditionellen Sommer- und Winterwohnplatz und beitet damit interessante Einblicke in das Leben der Sami. Die Ausstellung widmet sich der samischen Kultur. Im Souvenirshop bekommt man typisches hochwertiges Kunsthandwerk. Im einer samischen Torfhütte nachempfundenen Restaurant Storgammen wird »bidos«, ein deftiger Eintopf mit Rentierfleisch, serviert – alles unter der Regie des örtlichen Scandic Hotel.

■ Leavnnjageaidnu 1, 9730 Karasjok, www.scandichotels.no/hotell/norge/karasjok/sapmi-park, Park mit Aktivitäten Mitte Juni–Mitte Aug. geöffnet, 195 NOK, Kinder 145 NOK

Einkaufen

25 **Juhls Silvergallery** Der Däne Frank Juhls und seine Ehefrau Regine haben sich in Kautokeino mit ihrem Haus und ihrer Werkstatt ein eigenwilliges Gesamtkunstwerk geschaffen. Hier fertigen sie ausgefallenen Silberschmuck und moderne Klassiker.

■ Südl. vom Zentrum von Kautokeino an der Galaniituluodda, 9520 Kautokeino (ausgeschildert), Tel. 78484330, www.juhls.no, tgl. 9–18 Uhr

Sport

Huskytour Im Winter kann man eine Hundeschlittentour mit Musher Sven Engholm unternehmen, der sein Camp außerhalb von Karasjok hat und dort auch außergewöhnliche Hütten vermietet. ■ www.engholm.no

45 Ostfinnmark

Bis zur russischen Grenze und zum Endpunkt der Europastraße 6

Information

■ Kirkenes Turistinformasjon, Dr. Wessels gate 18, 9915 Kirkenes, Tel. 78971777, www.visitkirkenes.no

Vom Nordkap bis nach Kirkenes, dem Endpunkt der E6 und dem Wendepunkt der Hurtigrutenschiffe, sind es noch einmal rund 500km durch eine überwiegend menschenleere arktische Landschaft. Die durch tief eingeschnittene Fjorde getrennten Halbinseln werden von der Landseite nur durch Stichstraßen erschlossen. Alle Orte – Berlevåg, Båtsfjord, Vardø, Vadsø und Varangerbotn – liegen an der Küste, die Bewohner leben fast ausschließlich von der Fischerei.

Sehenswert

Vardøhus Festning

| Festung |

Vardø, die östlichste Stadt Norwegens und nördlichste Festungsstadt der Welt, liegt auf einer Insel, die durch einen Unterseetunnel mit dem Festland verbunden ist. Die achteckige Festung Vardøhus wurde in der ersten Hälfte des 18. Jh. erbaut.

Kirkenes

| Stadtbild |

Den Eisenerzvorkommen am Bjørnevatn verdankt Kirkenes seine Existenz. Während des Zweiten Weltkriegs wurde die Stadt fast vollständig zerstört. Nach dem Ende des Kalten Krieges kam der Aufschwung dank Königskrabbenfischerei und dem Handel mit Russland. Sehenswert sind das Grenzlandmuseum und die Andersgrotta, ein Luftschutzbunker, mit Relikten aus dem Zweiten Weltkrieg. Interessant sind auch Ausflüge ins Pasviktal und die Ostfinnmark sowie der Besuch der russischen Grenze bei Boris Gleb.

Kneipen, Bars und Clubs

Nordpol Kro Es soll Nordnorwegens ältestes Gasthaus sein. Spezialitäten sind Mack-Bier und Pub-Food. ■ Kaigate 21, 9950 Vardø, Tel. 78987501, Mo–Fr ab 10, Sa, So ab 20 Uhr

Erlebnisse

Finnmarksløpet Jedes Jahr Anfang März startet das Hundeschlittenrennen über 550 oder 1200 km in Alta. Wegen der extremen klimatischen Bedingungen zählt dieses Hundeschlittenrennen zu den großen Herausforderungen für Musher und Hunde. Start und Zielankunft sind immer ein großes Spektakel. ■ www.finnmarkslopet.no

King Crabs Königskrabben haben sich in den letzten Jahrzehnten an der Küste Nordnorwegens ausgebreitet.

Ihr Fleisch ist eine Delikatesse. In Kirkenes kann man eine Krabbensafari mit einer Bootsfahrt zur russischen Grenze verbinden. ■ www.barentssafari.no, Juni–Mitte Sept. Start tgl. 9, 14 und 18 Uhr, 1650 NOK, bis 12 J. 825 NOK

In der Umgebung

Pasvikdalen

| Landschaft |

Das Tal steckt wie ein Keil zwischen Russland und Finnland. Ein Teil ist als Øvre-Pasvik-Nationalpark (63 km^2) unter Naturschutz gestellt, hier finden sich der nördlichste Kiefernwald und ein großer Bestand an Braunbären. Das Pasvikdalen mit mehreren Seen und Wasserfällen wird durch die Straße 885 erschlossen. Vom Parkplatz am Sortbrysttjern gibt es einen markierten Wanderweg in den Nationalpark.

Im Blickpunkt

Hexen in der Finnmark

Im 17. Jh. wurden in der Finnmark 91 Menschen der Hexerei bezichtigt und verbrannt. An dieses dunkle Kapitel der Geschichte erinnert in Vardø das Steilneset Monument des Schweizer Architekten Peter Zumthor und der französischen Künstlerin Louise Bourgeois. Es besteht aus zwei Teilen: einem dunklen Glasquader, in dem aus einem Stuhl eine Flamme lodert, und einem 125 m langen tunnelartigen Gebäude. In dem dunklen Gang leuchtet für jedes Opfer eine schwache Glühbirne, und auf einer Infotafel sind alle Details der Anklage, des Prozesses und der Strafe aufgeführt.

46 Spitzbergen

Inselgruppe im Arktischen Ozean: ins Reich der Eisbären

Information

■ Visit Svalbard, Vei 221.1, 9171 Longyearbyen, Tel. 79 02 55 50, www.visitsvalbard.com

Nur rund 1300 km ist die Inselgruppe Spitzbergen (auf Norwegisch: Svalbard) vom Nordpol entfernt, doch dank des Golfstroms sind die Gewässer im Sommer zum großen Teil eisfrei. Gewaltige Gletscher, die mehr als die Hälfte der Fläche mit Eis bedecken, schroffe Berge und tief eingekerbte Täler geben der Landschaft eine majestätische Anmutung. Auf Eisbären kann man überall treffen, deswegen gibt es besonders strenge Auflagen für Touren außerhalb der Hauptstadt Longyearbyen. Nur hier gibt es Einkaufsmöglichkeiten, Hotels, Restaurants und sogar einen Campingplatz.

Verkehrsmittel

Longyearbyen wird mehrmals wöchentlich von Tromsø angeflogen. Auch **Kreuzfahrtschiffe** legen hier an. Außerhalb von Longyearbyen gibt es keine Straßen.

Erlebnisse

Mehrere Veranstalter bieten das ganze Jahr über **Ausflugsprogramme** an. So kann man die russische Kohlestadt Barentsburg besuchen, Kajaktouren und Wanderungen unternehmen oder im Winter die Inseln mit dem Schneescooter erkunden.

Übernachten

Der Norden Norwegens ist ein teures Reiseland. In den meisten Orten bis hin zum Nordkap dominieren Hotels der großen Ketten, aber auch kleinere, familiengeführte Unterkünfte sind zu finden sowie einige architektonisch spektakuläre Hütten oder Hotels. Etwas Besonderes sind die für die Lofoten typischen »rorbuer«, ehemalige Fischerhütten. Während jedoch für die früheren Bewohner das Leben hart und entbehrungsreich war, genießen Urlauber den Komfort der umgebauten Hütten in einer Bilderbuch-Idylle.

Trondheim 94

€€ | Scandic Bakklandet Modernes Hotel am Ufer des Flusses Nidelva mit dreigiebeliger Fassade, die an ein altes Speicherhaus erinnert. Komfortable Zimmer und schöner Blick auf den Fluss. ■ Nedre Bakklandet 60, 7014 Trondheim, Tel. 72902000, www.scandichotels.com

€€ | Stokkøya Sjøsenter An alte Erdkeller erinnern die »Sub-Zimmer« in diesem Hotel mit sehr außergewöhnlicher Architektur. Direkt am Strand auf der Insel Stokkøya. Exzellente Küche. ■ Troningsveien 7, 7178 Stokkøya, Tel. 93027618, www.stokkoya.no

Von Mo i Rana nach Narvik 102

€€ | Saltstraumen Hotel Der Blick auf den stärksten Gezeitenstrom der Welt ist schon etwas Besonderes. ■ Knaplund, Saltstraumen, 8056 Bodo, Tel. 7550 6560, www.saltstraumenhotell.no

€€€ | Manshausen Vier stylische Hütten aus Holz und Glas mit je zwei Schlafräumen thronen hoch über dem Wasser. Zum Frühstück geht es hinüber ins Haupthaus. Die Fähre von Bodø braucht ungefähr 1,5 Stunden. ■ Lille Manshausen, 8283 Mannshausen, Tel. 23382200, www.manshausen.no

Lofoten 103

€€€ | Nusfjord Das Bilderbuch-Fischerdorf mit seinen »rorbuer«, die sich rund um den Hafen tummeln, hat sich komplett dem Tourismus verschrieben. 20 der Hütten sind mit allem erdenklichen Luxus ausgestattet. ■ 8380 Ramberg, Tel. 76093020, nusfjordarcticresort.com

Vesterålen 106

€ | Holmvik Brygge Einfache Zimmer in einem ehemaligen Fischerhaus und einige Appartements mit mehr Komfort. Ökozertifiziert und mit Blick auf den Hafen. Im Sommer mit Frühstück. ■ Nyksund, 8439 Myre, Tel. 76134796, www.nyksund.com

Tromsø 108

€€ | Clarion Collection Hotel With Modernes, komfortables Hotel im Stil der historischen Lagerhäuser am Hafen. ■ Sjøgata 35–37, 9291 Tromsø, Tel. 77664200, clarion-collection-hotel-with-tromso.hotel-ds.com/de

€€ | Scandic Ishavshotel Wie ein Schiffsbug ragt das Gebäude in den Hafen. Spektakuläre Ausblicke. ■ Fredrik Langes gate 2, 9250 Tromsø, Tel. 77 66 64 00, www.scandichotels.com

Hammerfest 113

€€ | Scandic Hammerfest Freundliches Haus aus gelben Ziegeln. Spektakulär: die Mitternachtssonne hinter dem Panoramafenster des Restaurants. ■ Sørøygata 15, 9600 Hammerfest, Tel. 78 42 57 00, www.scandichotels.no

Nordkap 114

€€€ | Scandic Nordkapp Näher zum Kap geht kaum. Gemütliche Zimmer mit viel Holz. Nur von Mitte Mai bis Mitte Sept. geöffnet. ■ Skipsfjorden, 9750 Honningsvåg, Tel. 78 47 72 60, www.scandichotels.no

Finnmark 115

€€ | Scandic Karasjok Die Innenarchitektur und die farbenfrohen Zimmer des komfortablen Hotels sind von der samischen Kultur inspiriert. Nicht versäumen: in der Hotelbar einen Drink nehmen und im Restaurant Storgammen die regionale Küche testen. ■ Leavnnjageaidnu 49, 9730 Karasjok, Tel. 78 46 89 00, www.scandichotels.no

Spitzbergen 118

€€–€€€ | Radisson Blu Polar Hotel Das nördlichste Hotel der Welt wurde für die Olympischen Winterspiele 1994 in Lillehammer erbaut, zerlegt und in Longyearbyen wieder aufgebaut. Tolle Blicke in die eisige Welt Spitzbergens. ■ Vei 229.3, 9171 Longyearbyen, Tel. 79 02 34 50, www.radissonhotels.com

ADAC Das besondere Hotel

Die mit Eisskulpturen verzierten Zimmer des **Kirkenes Snowhotel** in der Wildnis bei Kirkenes bieten ein einmaliges Übernachtungserlebnis. Frieren muss niemand dank Rentierfellen und dicken Schlafsäcken. Ein Absacker an der Eisbar, heiße Duschen und Sauna im (festen) Nachbargebäude und Nordlichter hinter den Panoramafenstern des Restaurants: So schön kann Winter sein. Während des Sommers wird das Eishotel mit einer weißen Plane vor der Sonne geschützt. Übernachtungen und Besichtigungen sind so ganzjährig möglich. *€€€ | Sandnesdalen 14, 9910 Bjørnevatn, Tel. 78 97 05 40, www.snowhotelkirkenes.com*

FREIHEIT AUF
RÄDERN
YES WE
CAMP!
DIE SCHÖNSTEN CAMPINGZIELE IN
EUROPA
PIN
CAMP
ADAC
©stock.adobe.com/LianeM

ADAC Service Norwegen

Beim **ADAC Info-Service**, in den **ADAC Geschäftsstellen** sowie auf dem **Internetportal des ADAC** (adac.de) erhalten Sie Informationen zu den Dienstleistungen des Automobilclubs und zu Ihrem Reiseziel. So können Sie sich von der **ADAC Trips App** (adac.de/services/apps/trips) via Smartphone oder Tablet-PC inspirieren lassen oder als **ADAC Mitglied** das kostenlose **ADAC Tourset® Norwegen** (adac.de/reise-freizeit/reiseplanung/tourset) mit vielen Reiseinfos und Karten anfordern. Bei Pannen und Notfällen steht Ihnen unser Team rund um die Uhr telefonisch und digital (adac.de/hilfe und ADAC Pannenhilfe App) zur Verfügung.

ADAC Info-Service

T 089 558 95 96 97
Infos zu allen ADAC Leistungen
(Mo–Sa 8–20 Uhr gebührenfrei)

ADAC Pannenhilfe Deutschland

T 089 20 20 40 00, Mobil 22 22 22
(Verbindungskosten je nach Netzbetreiber/Provider)

ADAC Ambulanzdienst

T +49 89 76 76 76
(Erkrankung, Unfall, Verletzung, Transportfragen, Todesfall)

ADAC Pannenhilfe Ausland

T +49 89 22 22 22
(Verbindungskosten je nach Netzbetreiber/Provider)

Online-Angebote des ADAC für Ihre Reiseplanung

Service	Webadresse
Reiseinspirationen, -planung und -hinweise	adac.de/reise-freizeit/reiseplanung
Aktuelle Verkehrslage	adac.de/verkehr
Individuelle Routenplanung	adac.de/maps
Infos zu Tankstellen und Spritpreisen	adac.de/tanken
Infos zu mautpflichtigen Strecken	adac.de/mautportal
Infos zu Fährverbindungen	adac.de/faehren
Aktuelle Infos vor Reiseantritt	adac.de/tourmail
Informationen für Camper	adac.de/camping
Informationen für Motorrad- und Oldtimerfahrer	adac.de/reise-freizeit/reisen-motorrad-oldtimer
Informationen für Segler und Skipper	skipper.adac.de
ADAC Reiseangebote	adacreisen.de
ADAC Autovermietung	adac.de/autovermietung
ADAC Versicherungen für den Urlaub	adac.de/versicherungen
Weltweite Preisvorteile für ADAC Mitglieder	adac.de/vorteile-international
Telemedizinische Beratung	adac.de/meinmedical

Diese **Produkte des ADAC** könnten Sie interessieren: **ADAC Reiseführer Island, ADAC Reiseführer Schweden und ADAC Campingführer Deutschland und Nordeuropa** – erhältlich im Buchhandel, bei den ADAC Geschäftsstellen und in unserem ADAC Online-Shop (adac.de/shop).

Anreise und Einreise

Auto und Autofähre

Die Anreise nach Norwegen mit dem Auto erfolgt in der Regel per Fährüberfahrt ab Deutschland oder Dänemark nach Norwegen oder Schweden. Am bequemsten geht es direkt von Deutschland (Kiel) nach Norwegen (Oslo) mit der Fährgesellschaft **Color Line** (www.colorline.de). Die Fahrt dauert rund 20 Stunden. Kürzer sind die Überfahrten zwischen dem dänischen Nordjütland und Südnorwegen. Color Line verbindet per Superspeedboot Hirtshals mit Kristiansand bzw. Larvik. Außerdem gibt es eine Verbindung zwischen Sandefjord und Strömstad.

Die mit 18 km kürzeste Fährverbindung auf der Vogelfluglinie (Puttgarden–Rødby) über den Fehmarnbelt bietet **Scandlines** (www.scandlines.de). Fähren von Scandlines setzen außerdem von Rostock nach Gedser über.

Stena Line (www.stenaline.de) bedient die Verbindungen Kiel–Göteborg, Rostock–Trelleborg, Frederikshavn–Göteborg und Grenaa–Varberg. **Fjord Line** (www.fjordline.com) fährt auf den Strecken Hirtshals–Stavanger–Bergen, Hirtshals–Langesund, Hirtshals–Kristiansand und Strömstad-Stavanger. **DFDS Seaways** (www.dfds.com) bedient die Verbindung Kopenhagen–Oslo sowie Frederikshaven–Oslo.

Wer den weiten Weg nicht scheut, kann auch die gesamte Strecke über Dänemark und durch Südschweden nach Norwegen mit dem Auto zurücklegen. Durch die Extrakilometer und die Mautgebühren für die Öresundbrücke ist diese Variante nicht kostengünstiger. Aktuelle Preise findet man unter www.oresundsbron.com, online bucht man etwas günstiger.

Bahn

Es bestehen zahlreiche Zugverbindungen von deutschen, österreichischen oder Schweizer Großstädten über Hamburg und Kopenhagen nach Oslo. Die Zugfahrt von Hamburg nach Oslo dauert ca. 20 Std.

Information:

Deutsche Bahn, www.bahn.de

Österreichische Bundesbahn, www.oebb.at

Schweizerische Bundesbahnen, www.sbb.ch

Bus

Es gibt ganzjährig Busverbindungen von Deutschland nach Norwegen.

Deutsche Touring GmbH, Tel. 069/971 94 48 33, www.eurolines.de, Ticketcenter s. Webseite.

Auch **Flixbus** bietet Ziele in Norwegen an (www.flixbus.de).

Flugzeug

Große Fluggesellschaften und Billigflieger bieten **Direktflüge** nach Norwegen. Oslo wird mehrmals wöchentlich direkt aus Deutschland, teils aus Österreich und der Schweiz angeflogen, u.a. von **Lufthansa** (www.lufthansa.com), **SAS** (www.flysas.com) und **Norwegian** (www.norwegian.no). Weitere Verbindungen, bei denen man umsteigen muss, gibt es von den meisten deutschen Flughäfen etwa nach Bergen, Stavanger und Tromsø. Da insbesondere die Billigfluglinien häufig Strecke und Angebot ändern, empfiehlt sich ein zeitnaher Blick ins Internet.

Der Osloer Flughafen **Gardermoen** liegt rund 50 km außerhalb der Stadt. Um von dort in die Innenstadt zu gelangen, nimmt man die Expressbahn Flytoget, die in etwa 20 Minuten ins Zentrum fährt.

Einreise und Reisedokumente

Für einen Aufenthalt von bis zu drei Monaten benötigen Deutsche, Österreicher und Schweizer einen Reisepass oder Personalausweis. Für Kinder unter 16 Jahren ist ein Kinderreisepass oder Kinderausweis erforderlich. Alle Dokumente müssen mindestens drei Monate ab dem Ausreisetag gültig sein.

Auto und Straßenverkehr

Führerschein und Kfz-Papiere

Führerschein und **Zulassungsbescheinigung** sind Pflicht. Die Mitnahme der **Grünen Versicherungskarte** wird empfohlen. Da die Mindestdeckungssumme für Sachschäden deutlich unter den deutschen Standards liegt, ist der Versicherungsschutz mit der eigenen Versicherung zu klären.

Straßennetz

Die Norweger sind Weltmeister im Straßen-, Brücken- und Tunnelbau. Während einige große **Hauptstrecken** im Süden autobahnartig ausgebaut wurden, sind viele Straßen entlang der Küsten, im Fjordland und in den Bergen schmal und kurvig. Häufig sind Straßenabschnitte so eng, dass zwei größere Fahrzeuge nicht aneinander vorbeifahren können. **Ausweichstellen** sind mit einem weißen M auf blauem Grund gekennzeichnet. Wer mit dem Caravan oder dem Wohnmobil unterwegs ist, braucht vor allem: viel Zeit, Geduld und gute Nerven. Die Herausforderungen an das fahrerische Können sind groß, die Entfernungen gewaltig, die zahlreichen Überfahrten mit der Fähre zeitraubend. Planen Sie deshalb für Ihre Reiseabschnitte lieber einen oder mehrere Tage länger ein, als es von der Kartenlage her erforderlich scheint. Sie werden auf jeden Fall mit immer wieder überraschenden, traumhaften Aussichten belohnt. Das gilt vor allem für die 18 »Norwegischen Landschaftsrouten«, die auf insgesamt fast 1700 km oft etwas abgelegene, aber landschaftlich besonders schöne Streckenabschnitte erschließen (www.nasjonaleturistveger.no).

Das Reisen mit dem Wohnmobil ist eine gute Möglichkeit, Norwegen zu erkunden

Sicherheit

Wer im Frühjahr oder Herbst in Norwegen reist, sollte sich über Wintersperren informieren; die Wintersaison ist deutlich länger als in Westeuropa. So sind z.B. wetterbedingte Verkehrsbehinderungen bis Ende Mai möglich. Dies gilt auch für die Hauptzufahrten in die Fjordgebiete und die Bergregionen Westnorwegens.

Information: **Norges Automobil Forbund** (NAF), Tel. 08505 (in Norwegen), Tel. 0047 23 21 31 00 (vom Ausland), www.naf.no (nur in Norwegisch), **Statens Vegvesen**, Tel. 22 07 30 00, www.vegvesen.no

Verkehrsvorschriften

Tempolimits in km/h: Innerhalb geschlossener Ortschaften gilt Tempo 50 km/h, in Wohngebieten manchmal nur 30 km/h. Außerhalb geschlossener Ortschaften sind maximal 80 km/h erlaubt, auf einigen Schnellstraßen und Autobahnen 90 km/h oder 100 km/h. Für Kfz über 3,5 t und Pkw mit gebremstem Anhänger gelten unabhängig vom jeweiligen Tempolimit immer maximal 80 km/h, Pkw mit ungebremstem Anhänger dürfen immer höchstens 60 km/h fahren.

Die **Promillegrenze** liegt bei 0,2. In Norwegen muss man auch tagsüber mit **Abblendlicht** fahren. Es gilt **Anschnallpflicht**. Das Telefonieren mit dem Smartphone ist nur mit Freisprecheinrichtung erlaubt. Die **Bußgelder** insbesondere für Geschwindigkeits- und Alkoholdelikte sind in Norwegen ausgesprochen hoch. Unbedingt die Wildwechsel-Warnschilder beachten, denn Rentiere oder Elche queren häufig die Straßen. Im Falle eines Wildunfalls ist die nächste Polizeidienststelle zu benachrichtigen. Im Wagen muss eine reflektierende **Warnweste** griffbereit vorhanden sein. Für Fahrzeuge mit einem zulässigen Gesamtgewicht von über 3,5 t ist zwischen 15. Oktober und dem 1. Sonntag nach Ostern das Mitführen von Schneeketten vorgeschrieben. Ansonsten sind Winterreifen in den Wintermonaten Pflicht. Das Übernachten in Wohnmobilen oder Wohnanhängern auf nicht gekennzeichneten Rastplätzen ist verboten.

Tempolimits in Norwegen

(Ausnahmen siehe Verkehrsvorschriften)

Straße	Tempolimit
Autobahn	max. 90/100 km/h
Landstraße	max. 80 km/h
Ortschaft	max. 50 km/h

Maut

Zur Finanzierung der Infrastruktur wird auf vielen Strecken eine Maut (»bompenger«) erhoben, die alle, Norweger ebenso wie Ausländer, zahlen müssen. Die meisten **Mautstationen** funktionieren automatisch. Wenn ein Fahrzeug keinen gültigen Mautchip hat, wird automatisch ein Foto des Kennzeichens gemacht, um das Fahrzeug mit dem registrierten Besitzer zu verbinden. Die Fotos sind der Rechnung beigefügt, die man nach Hause geschickt bekommt. Oder man lässt sich bereits vor der Ankunft eine Mautmarke von einem Mautdienstleister schicken (www.autopass.no).

Barrierefreies Reisen

Grundsätzlich ist Reisen für Menschen mit körperlichen Beeinträchtigungen in Norwegen einfach. Die meisten öffentlichen Verkehrsmittel sind mit Rollstuhlplätzen, Hubliften oder Rampen ausgestattet. Auch in öffentlichen Gebäuden sowie Hotels gibt es fast immer Vorrichtungen für beeinträchtigte Menschen. Nur bei älteren Gebäuden kann es bisweilen schwierig werden. Infos findet man auf der Webseite der Norwegian Association of Disabled (NAD): www.nhf.no/english

Diplomatische Vertretungen

Deutsche Botschaft

■ Oscars gate 45, 0244 Oslo, Tel. 23 27 54 00, www.oslo.diplo.de

Österreichische Botschaft

■ Thomas Heftyesgate 19–21, 0264 Oslo, Tel. 22 54 02 00, www.bmeia.gv.at

Schweizerische Botschaft
(ohne Konsularabteilung)

■ Oscars gate 29, 0352 Oslo, Tel. 22 54 23 90, www.eda.admin.ch/oslo

Einkaufen und Märkte

Die **Öffnungszeiten** der meisten Geschäfte sind in der Regel Mo–Fr 10–20 und Sa 10–18 Uhr. In kleineren Orten sind die Öffnungszeiten oft kürzer. Geschäfte mit dem Tax Free Shopping Logo stellen bei einem Einkauf im Wert von mindestens 315 NOK (Lebensmittel 290 NOK) eine Tax Free Quittung aus, mit der man an Flughäfen, auf Fähren und an Grenzübergängen die Mehrwertsteuer abzüglich einer Gebühr zurückerhält. Infos: Global Blue Norway, Tel. 0800 32 11 11 11, www.globalblue.com Lohnend ist meist der Besuch auf Wochenmärkten, die in fast allen größeren Orten stattfinden. Die Touristenbüros informieren über Wochentage und Zeiten. In praktisch jedem Küstenort gibt es am Hafen einen Fischmarkt.

Feiertage

1. Januar (Neujahr), Gründonnerstag, Karfreitag, Ostermontag, 1. Mai (Tag der Arbeit), 17. Mai (Nationalfeiertag), Christi Himmelfahrt, Pfingstmontag, 25./26. Dezember (Weihnachten).

Geld und Währung

Die nationale Währung ist die Norwegische Krone (NOK), unterteilt in 100 Øre. Die Ein- und Ausfuhr von Landes- und Fremdwährung ist unbegrenzt erlaubt, muss aber ab einem Gesamtwert von über 25 000 NOK deklariert werden.

Kosten im Urlaub
(durchschnittliches Preisniveau)

Tasse Kaffee	35–40 NOK/ 2,90–3,40 €
Softdrink (Limonade)	40 NOK/ 3,85 €
Glas Bier (0,4 Liter)	70–90 NOK/ 6,70–8,70
Glas Wein (0,2 Liter)	ab 80 NOK/ 7,70 €
Hauptgericht (Restaurant)	200–300 NOK/ 19–29 €
Eintritt staatl. Museum	140 NOK/ 11,50 €
Mietwagen / Tag	ab 1200 NOK/ 115 €

Die gängigen **Kreditkarten** (Visa, Master) werden von allen größeren Hotels, Restaurants und Geschäften sowie Tankstellen und Autovermietern akzeptiert. Für die Buchung von Mietwagen ist eine Kreditkarte Voraussetzung, ebenso in den meisten Hotels. Die **Öffnungszeiten** der Banken sind in der Regel von Montag bis Freitag

Die norwegische Krone ist seit 1875 die offizielle Landeswährung Norwegens

9–15.30, donnerstags häufig bis 17 Uhr. **Geldwechsel** ist bei Banken, an Flughäfen, in größeren Hotels oder Touristenbüros möglich.

Das Bezahlen mit der **Kreditkarte** ist in Norwegen wesentlich weiter verbreitet als in Deutschland, auch kleine Beträge wie eine Tasse Kaffee oder die Brötchen beim Bäcker werden von den Norwegern gerne mit der Kreditkarte bezahlt.

Währungsumrechner

(Stand: Dezember 2023)

1 €	11,69 NOK
1 CHF	12,13 NOK
10 NOK	0,85 €/0,82 CHF

Gesundheit

Ärzte und Krankenhäuser

Bei akuten Erkrankungen und Unfällen werden in der Regel die Aufnahmen der **Krankenhäuser** (»sykehus«) oder Notfallpraxen (»legevakt«) aufgesucht, seltener Arztpraxen. Krankenhäuser gibt es in allen Städten, wenn Sie unterwegs sind, kann Ihnen jeder Norweger Auskunft über die nächstgelegene Klinik geben. **Notrufnummern**: 112 (Polizei), 113 (Krankenwagen).

Krankenversicherung

Die Europäische Krankenversicherungskarte (EHIC), die in die übliche Versicherungskarte integriert ist, wird in Norwegen anerkannt und garantiert die medizinische Versorgung. Allerdings muss der zahnärztliche Notdienst vor Ort bezahlt werden. Sicherheitshalber empfiehlt sich der Abschluss einer zusätzlichen Reisekranken- und Rückholversicherung.

Apotheken

In allen Städten und größeren Orten gibt es Apotheken (»apotek«), die zu den üblichen Geschäftszeiten geöffnet sind, hinzu kommen Bereitschaftsapotheken in den Städten.

Medikamente sind in Norwegen nur in Apotheken gegen Vorlage von Rezepten, die von norwegischen Ärzten ausgestellt wurden, erhältlich.

Festivals und Events

Januar

Mørketidsløp (Tromsø, www.msm.no) – Am ersten Januarwochenende treffen sich Sportbegeisterte zum Polarnacht-Halbmarathon.

Internasjonale Filmfestival (Tromsø, www.tiff.no) – Norwegens größtes Filmfest findet in der dritten Januarwoche statt.

März/April

Samisches Osterfest (Kautokeino) – Die Samen in der Finnmark feiern das Osterfest farbenfroh mit Gottesdiensten, Taufen und Hochzeiten, Joik-Wettbewerben und Rentierschlittenrennen.

Mai

Nationalfeiertag (17. Mai, landesweit) – Zum Gedenken an die Verabschiedung der norwegischen Verfassung am 17. Mai 1814 feiert das ganze Land mit Festumzügen und zahlreichen Events.

Mai/Juni

Festspillene i Bergen (Bergen, www.fib.no) – Zweiwöchiger Höhepunkt des Jahres mit Theater, Konzerten und Ballett.

Juni

Mittsommer Am 23. Juni wird im ganzen Land mit Familie und Freunden die kürzeste Nacht des Jahres gefeiert, mit Freudenfeuern, Festessen, Gesang und Spiel.

Juli/August

Olavsfestdagene (Ende Juli bis Anfang August, Trondheim**,** www.olavsfest.no) – Mit einem umfangreichen Kulturprogramm wird an den Olav-Festtagen des norwegischen Nationalheiligen gedacht.

August

Trebåtfestival (Risør, www.trebatfestivalen.no) – An der Südküste bestaunen Tausende Besucher beim Holzbootfestival historische Segelschiffe aus ganz Europa.

Skalldyr Festivalen (2. Augustwochenende, Mandal, www.skalldyrfestivalen.no) Die südlichste Stadt Norwegens feiert vier Tage lang mit Zehntausenden Besuchern das Schalentierfest, für das unzähliges Meeresgetier sein Leben lässt.

August/September

Matfestival (Bergen, www.matfest.no) – Drei Tage währendes kulinarisches Event in Bergen: Die Stadt wird zur Gourmetmeile für Schlemmer aus ganz Europa.

Dezember

Verleihung des Friedensnobelpreises (Oslo, www.nobelpeaceprize.org) – Am 10. Dezember steht die norwegische Hauptstadt im Mittelpunkt des Weltinteresses.

Haustiere

Im **EU-Heimtierausweis** müssen die Kennzeichnung des Tieres (Mikrochip), Bandwurmbehandlungen und eine gültige Tollwutimpfung eingetragen sein. Für andere Tiere außer Hunden und Katzen, also etwa Kaninchen oder Hamster, ist eine Einfuhrerlaubnis des Norwegischen Amtes für Lebensmittelsicherheit erforderlich. Information: www.mattilsynet.no.

Information

Norwegen im Internet

■ www.visitnorway.com

Innovation Norway, Norwegisches Fremdenverkehrsamt

■ (Deutschland, Österreich, Schweiz), Caffamacherreihe 5, 20355 Hamburg, Tel. 040 229 41 50, www.visitnorway.com, www.visitnorway.de

Größere Orte verfügen über ein **Touristenbüro**, meist in zentraler Lage, wo Infos über Aktivitäten, Unterkunft und Sehenswertes sowie Kartenmaterial erhältlich sind. Die Öffnungszeiten sind saisonal unterschiedlich, manche haben im Winter nicht geöffnet. In kleineren Orten schließen immer mehr Touristenbüros und werden durch Infopoints mit Broschüren ersetzt.

Klima und beste Reisezeit

Das **Wetter** ist in Norwegen immer ein spannendes Thema. Dank des Golfstroms unterliegen die Temperaturen im Küstenbereich nur geringfügigen Schwankungen und sinken im Winter nur wenige Grad unter den Gefrierpunkt, obwohl Norwegen teils auf gleicher Höhe wie Grönland oder Alaska liegt. Warme Kleidung und ein guter Regenschutz sind stets zu empfehlen. Regen fällt besonders in den Küstenregionen, während das Landesinnere trockenere Sommer hat. In der Finnmark und in Südnorwegen sind dann 25 °C keine Seltenheit. Beste **Reisezeiten** sind Mai und Juni wegen der herrlichen Obstbaumblüte in Süd- und Westnorwegen und wegen der längsten Tage im Jahr (Mitternachtssonne). Juli und August sind in Norwegen **Hauptreisezeit**, für Wanderungen im Gebirge ist es die ideale Reisezeit. Die **Mitternachtssonne** macht den besonderen Reiz einer Reise in den Norden aus. Nördlich des Polarkreises geht die Sonne im Sommer tage- oder wochenlang nicht unter. Die ununterbrochene Helligkeit verändert den Schlaf-Wach-Rhythmus, in der Regel ist man länger munter. Dafür wird es dann im Winter tagelang nicht hell.

Klimatabelle Oslo

Monat	Luft (°C) min/max	Sonne (h/Tag)	Regentage	Wasser °C
Jan.	-7/-2	1	10	3
Feb.	-7/-1	3	7	2
März	-4/4	4	9	3
April	1/9	6	7	5
Mai	6/16	7	8	9
Juni	10/20	8	10	13
Juli	13/22	8	11	16
Aug.	12/21	7	10	17
Sept.	8/16	5	11	15
Okt.	3/9	3	11	11
Nov.	-1/3	2	10	7
Dez.	-4/0	1	9	5

Mücken

Die Mückenplage in der warmen Jahreszeit betrifft besonders die feuchten und tiefer gelegenen, windstillen Gegenden Norwegens. In Flusstälern, an Seen und im hohen Norden schwirren Myriaden von Stechmücken durch die Luft. Unbedingt Schutzmittel einpacken und nach Möglichkeit ein Moskitonetz verwenden. Am Salzwasser, also in Meeresnähe bzw. an den Fjorden, wird man kaum gepiesackt.

Notfall

Bei einem Unfall oder einem medizinischen Notfall findet man Hilfe unter folgenden **Notrufnummern**:
Polizei: Tel. 112
Krankenwagen: Tel. 113
Feuerwehr: Tel. 110
Pannenhilfe: Norges Automobil-Forbund (NAF), Tel. 085 05 (24 Std.)
ADAC Notrufzentrale:
Tel. 0049 89 22 22 22 (24 Std.)
ADAC Ambulanzdienst:
Tel. 0049 89 76 76 76 (24 Std.)
ÖAMTC Schutzbrief-Nothilfe:
Tel. 0043 1 251 20 00, www.oeamtc.at
TCS Zentrale Hilfsstelle:
Tel. 0041 588 27 22 20, www.tcs.ch

Öffnungszeiten

Die meisten **Geschäfte** sind Mo–Fr 10–17, Do bis 19 und Sa bis 15 Uhr geöffnet. An Sonntagen haben die Läden geschlossen. **Supermärkte** haben üblicherweise Mo–Fr 10–20 und Sa 10–18 Uhr geöffnet. Die Öffnungszeiten der **Banken** finden Sie im Kapitel »Norwegen von A–Z« unter dem Stichwort »Geld und Währung«, die der **Post** unter dem Stichwort »Post«.

Post

Die **Öffnungszeiten** der Postämter sind in der Regel Mo–Fr 8.30–16, Sa 8–13 Uhr.
Briefmarken erhält man an Kiosken und in Schreibwarenläden. Briefe und Postkarten ins europäische Ausland kosten 28 NOK (mit A-Priority kennzeichnen).

Rauchen und Alkohol

In allen öffentlichen Gebäuden, in Restaurants, Cafés, Bars und in Verkehrsmitteln besteht striktes **Rauchverbot**. Innerhalb geschlossener Ortschaften darf auch am Steuer nicht geraucht werden.
Das eigentlich in Norwegen existierende Gesetz, das den Genuss von Alkohol in der Öffentlichkeit verbietet, wird nicht so eng gesehen. Wer sich nicht auffällig benimmt, wird normalerweise auch nicht behelligt.
Zu beachten ist, dass nicht alle Restaurants eine uneingeschränkte **Schanklizenz** haben; nicht überall wird Alkohol zum Essen serviert oder nur Wein und Bier zu bestimmten Zeiten. In den großen Hotel- und anderen Restaurants gibt es in der Regel keine solchen Einschränkungen.
Die Kosten für Alkohol können das Reisebudget deutlich schmälern. Es hilft auch nicht, sich in den staatlichen Monopolläden (»Vinmonopolet«) einzudecken; die Preise sind dort ebenfalls sehr hoch. In Supermärkten wird nur Bier mit geringem Alkoholgehalt frei verkauft. Welche Mengen Alkohol Sie von zu Hause mitbringen dürfen, können Sie im Kapitel »Norwegen von A–Z« unter dem Stichwort »Zollbestimmungen.« nachlesen.

Sicherheit

Norwegen ist ein sehr sicheres Reiseland. Eine gewisse Vorsicht ist dennoch anzuraten: Das Auto sollte immer abgeschlossen, Kameras und teure Gegenstände nicht sichtbar im Wagen liegengelassen werden.

Allein reisende Frauen haben in der Öffentlichkeit üblicherweise keine Übergriffe zu befürchten.

Souvenirs

Die klassischen Mitbringsel aus Norwegen sind **Norwegerpullover** oder **Norwegerstrickjacken** aus reiner Wolle. Neben den traditionellen Mustern und Farben werden auch Pullover in modernem Design angeboten. Schöne Gegenstände aus Holz, Glas und Keramik sowie Web- und Strickarbeiten werden in den Kunstgewerbeläden Husfliden verkauft. Bekannt sind das **Porzellan** aus der Porzellanfabrik Porsgrund und **Glaswaren** des Hadeland Glassverks.

Ein schönes Mitbringsel ist **Silberschmuck** aus einer der zahlreichen Silberschmieden, die neben dem kunstvollen Trachtenschmuck aparte und ausgefallene Stücke anbieten. Rentierfelle und praktische Samenmesser gibt es in Lappland.

Sport

Angeln

Norwegen ist ein Anglerparadies. Süßwasserangler benötigen eine lokale **Angelgenehmigung**, die man in Sportgeschäften, bei Touristenbüros, in Hotels, auf Campingplätzen etc. erhält. Für Saibling, Lachs oder Meerforelle muss zusätzlich eine staatliche Angelgebühr entrichten (»fiskeravgift«, Infos unter www.inatur.no).

Im Meer und an den Küsten darf man mit einer Angelrute kostenlos angeln. Pro Person dürfen zweimal im Jahr 18 kg Fisch ausgeführt werden, allerdings nur, wenn man mit einem registrierten Fischereibetrieb geangelt hat.

Anglertraum: die norwegischen Gewässer mit ihrem hohen Fischbestand

Fahrradfahren

Norwegen wird bei Fahrradfahrern immer beliebter, sei es bei den ganz Ambitionierten, die sich das Nordkap als Ziel vornehmen, oder bei Genuss-Radlern. Die Touristenbüros informieren über Tourenmöglichkeiten und geben oft spezielle **Fahrradkarten** heraus. Radfahrer können ihre Fahrräder auf den Fähren und Küstenschiffen der Hurtigruten mitnehmen. Information: www.syklistforeningen.no.

Gletscherwanderungen

Es gibt mehrere Möglichkeiten, an einer geführten Gletscherwanderung teilzunehmen. Die **Angebote** reichen von der zweistündigen Nachmittags-Familientour bis zu anstrengenden Tagestouren. Angeboten werden Touren u. a. im Jotunheimen (ab Spiterstulen, Leirvassbu und Juvasshütte), an den Gletscherzungen des Jostedalsbre, am Folgefonn im Hardangerfjordbereich und am Svartisen bei Mo i Rana. Touren in eigener Regie sollten niemals unternommen werden, sie sind sehr gefährlich und können tödlich enden!

Hundeschlittenfahrten

Ein besonderes Erlebnis sind Hundeschlittentouren im Winter, die man beispielsweise bei dem Husky-Züchter Sven Engholm in Lappland buchen kann. Informationen: Engholm Husky Lodge, Karasjok, Tel. 91 58 66 25, www.engholm.no. Weitere Anbieter: www.mountainking.no

Kanu, Kajak, Rafting

Die vielen Seen und Flüsse Norwegens bieten unendliche Möglichkeiten für Wassersportler. Sehr beliebt als Kanureviere sind die Gewässer in Ostnorwegen im Bereich des Femunden. An vielen Orten kann man **Boote** mieten. Populär ist auch Rafting. Es werden kürzere Familientouren und anspruchsvolle Tagestouren angeboten. Die beliebtesten **Rafting-Flüsse** sind Sjoa im Gudbrandsdal, Otra im Setesdal, der Lågen im Numedal und der Hallingdalselva im Hallingdal. Informationen: Norges Padleforbund, www.padling.no

Segeln

Die Gewässer um Norwegen sind bei Seglern sehr beliebt, wenn auch durch den zerklüfteten Küstengürtel nicht ganz ungefährlich. Es ist unabdingbar, sich vor Beginn des Segeltörns gutes Kartenmaterial zuzulegen.

Skilaufen

Norwegen ist ein Traumziel für Skiläufer, die Möglichkeiten für **Alpinskifahrer** und **Langläufer** sind nahezu unbegrenzt. Besonders schön für Langläufer sind Mehrtagestouren von Hütte zu Hütte über die Hardangervidda oder andere Bergregionen. Norwegen besitzt zudem relativ schneesichere Sommerskigebiete wie etwa das Strynfjell, das Folgefonna und im Jotunheimen die Gegend um den Galdhøpiggen. Informationen findet man auf der Webseite www.visitnorway.de

Wandern und Klettern

Norwegen bietet ein gut ausgebautes Netz von markierten **Wanderwegen** und Hütten. Beliebte Wandergebiete sind Rondane, Hardangervidda, Jotunheimen und Dovrefjell. Auch **Sportkletterer** finden in Norwegen ideale Bedingungen, etwa auf den Lofoten und im Romsdal. Die 1000 m hohe, senkrechte Trollwand zählt zu den schwierigsten Kletterwänden der Welt.

Das Angebot an **Hütten** reicht von der einfachen unbewirtschafteten Berghütte bis zur komfortablen Pension. Einige Hütten stehen nur Mitgliedern des **Norwegischen Wandervereins DNT** offen; doch auch Ausländer können die Mitgliedschaft bei Bedarf erwerben. Beim DNT erhält man Wanderkarten, Routenvorschläge und kann geführte Bergwanderungen, Gletschertouren und Kletterkurse buchen: Den Norske Turistforening, Tel. 40 00 18 70, www.dnt.no

Strom und Steckdose

Die **Stromspannung** beträgt 220 Volt (50 Hz), Adapter sind nicht erforderlich.

Telefon und Internet

Norwegen verfügt über ein sehr gut ausgebautes **Mobilfunknetz**. Selbst im hohen Norden ist guter Empfang möglich, zumindest in der Nähe von Siedlungen und Straßen. Seit dem Jahr 2017 sind auch in Norwegen die **Roaminggebühren** weggefallen. **Öffentliche Telefone** funktionieren mit Kreditkarten.

Internationale Vorwahlen:

- Norwegen 00 47
- Deutschland 00 49
- Österreich 00 43
- Schweiz 00 41

Es folgt die Teilnehmernummer bzw. die Vorwahl ohne die Null.

Internet ist in Norwegen sehr weit verbreitet. In Hotels ist freies **WLAN** üblich, nur in seltenen Fällen werden Gebühren verlangt. An öffentlichen Plätzen, in Restaurants und Cafés, in Museumsshops, in Einkaufszentren und Touristenbüros: Überall sind Sie mit der Welt verbunden. Nur Internetcafés sind ausgesprochen selten.

Trinkgeld

Wie in ganz Skandinavien sind Trinkgelder eine Kann-, keine Muss-Bestimmung. In Restaurants oder Bars wird bei gutem Service gern Trinkgeld gegeben, zehn Prozent des Rechnungsbetrags sind angemessen. Auch Taxifahrer und Zimmermädchen freuen sich über eine Aufmerksamkeit. Aber niemand nimmt es übel, wenn Sie kein Trinkgeld geben.

Umgangsformen

Norwegen liegt nicht am Mittelmeer, die Norweger sind wesentlich zurückhaltender als etwa Italiener oder Spanier. Diese **Reserviertheit** sollte jedoch keineswegs als Unfreundlichkeit interpretiert werden. Als Gast im Land sollte man ebenfalls zurückhaltend und respektvoll auftreten, aber nicht beleidigt sein, wenn man, wie in ganz Skandinavien üblich, geduzt wird. Das ist ebenso selbstverständlich wie ein kurzes »hei« zur Begrüßung.

Händeschütteln zur Begrüßung oder Verabschiedung ist nicht sehr gebräuchlich. Das wichtigste norwegische Wort, das Sie unbedingt lernen und reichlich anwenden sollten, ist »takk«, danke.

Zu einem ernsthaften Problem hat sich vielerorts die **Vermüllung** der Natur entwickelt. Wohnmobiltouristen, Wanderer und Camper sollten peinlichst darauf achten, absolut keinen Müll zu hinterlassen. In diesem Punkt reagieren die Norweger zu Recht sehr empfindlich.

Unterkunft und Hotels

Die Vielfalt an Unterkunftsmöglichkeiten in Norwegen ist groß, der Hotelstandard hoch. Ebenso hoch sind die **Preise**. Reizvoll übernachtet man in Hütten unterschiedlicher Ausstattung. In der Hauptreisezeit von Juni bis August ist es ratsam, Hotelzimmer und Hütten vorab zu reservieren.

Camping/Wohnmobile

Norwegen hat viele schöne **Campingplätze** in meist reizvoller Lage. Oft sind hier auch komfortable **Hütten** tageweise zu mieten. Für **Wohnmobile** wurden in einigen Städten nahe dem Zentrum Wohnmobil-Übernachtungsplätze eingerichtet (»bobilparkering«). Der jährlich erscheinende ADAC Campingführer Deutschland/Nordeuropa (adac.de/campingfuehrer) sowie pincamp.de bieten eine große Auswahl geprüfter Plätze.

Hotels

In Norwegen sind viele Hotels in Ketten zusammengeschlossen wie **Scandic** oder **Nordicchoice**, die auch zum Teil erhebliche Rabatte gewähren.
Eine gute (wenn auch meist besonders teure) Wahl sind die in der Vereinigung **De Historiske** verbundenen Traditionshotels, die über einen herausragenden Standard verfügen und meist mit besonders schöner Ausstattung und wunderbarer Lage punkten. Eine Auswahl empfehlenswerter Hotels bieten die Ortskapitel.

Hütten und »Rorbuer«

Ferienhütten sind eine sehr typische Art, in Norwegen Urlaub zu machen – auch für Norweger selbst. Ausstattung und Komfort sind unterschiedlich, das größte Plus ist die Ursprünglichkeit und die Naturnähe. Im Norden, insbesondere auf den Lofoten, sind **»rorbuer«** (ehemalige Fischerhütten) eine teils günstige und vor allem sehr stimmungsvolle Unterkunft. Häufig wird ein Ruder- oder Motorboot mitvermietet.

Jugendherbergen

Norwegen verfügt über rund zwei Dutzend Jugendherbergen in oft sehr schöner Lage. Der Standard, der dort geboten wird, ist überwiegend hoch, in der Regel findet man Doppel- und Familienzimmer für 4–6 Personen. Eine Altersgrenze gibt es nicht, jedoch haben Fahrradfahrer und Wanderer Vorrang vor motorisierten Gästen. Mit dem **Mitgliedsausweis** einer JH-Organisation übernachtet man günstiger. Im Sommer ist eine **Reservierung** zu empfehlen (www.hihostels.no).

Verkehrsmittel im Land

Bus

Das norwegische **Busnetz** ist sowohl im Fernverkehr als auch lokal sehr gut organisiert. Selbst einige der spektakulärsten Straßen wie der Trollstigvegen oder die Strecke von Otta nach Geiranger werden von öffentlichen Bussen befahren. Ferner gibt es **Expressrouten** von Oslo an den Nordfjord, den Sognefjord oder zu den wichtigsten Städten der Süd- und Westküste. In Nordnorwegen verkehren beispielsweise Expressbusse von Bodø ans Nordkap. Die meisten **Fernbuslinien** betreibt NOR-WAY Buss ekspress, Tel. 22 31 31 50, www.nor-way.no.

Eisenbahn

Das norwegische Eisenbahnnetz ist eher weitmaschig und endet im Norden in Bodø. Gut sind die Verbindungen von Oslo zu größeren Städten wie Bergen, Kristiansand oder Trondheim. Einige der bekanntesten Eisenbahnstrecken zählen zu den spektakulärsten und schönsten Strecken weltweit, so etwa die landschaftlich einmalig schöne **Bergensbanen**, die Oslo mit Bergen über die Hardangervidda verbindet, die **Dovrebanen**, die übers Dovrefjell nach Trondheim fährt, die **Nordlandsbanen** von Trondheim übers Saltfjell nach Bodø und die **Sørlandsbanen** von Oslo über Kristiansand nach Stavanger. Sehr komfortabel sind Nachtzüge mit Schlafwagen. Information: Vygruppen, www.vy.no

Fähre

Mit den kleinen **Fjordfähren** kann man im Land der Fjorde gemütliche Schiffstouren unternehmen. Bei kleinen Anbietern ist es meist nicht möglich, einen Platz zu reservieren. An besonders beliebten Orten wie etwa dem Geiranger-Hellesylt kann es in der Hochsaison zu längeren **Wartezeiten** kommen.
Bei Reisen in Fjordnorwegen entlang der Küste Richtung Nordkap sollte man bei der Planung unbedingt darauf achten, die Entfernungen nicht zu unterschätzen und auch die Zeit für die häufigen Fährfahrten nicht zu knapp zu kalkulieren.

Flugzeug

Die weiten Entfernungen machen **Inlandsflüge** in Norwegen zu einem wichtigen Transportmittel, das gilt besonders für den Norden des Landes. Viele Langstrecken in Norwegen bedient **SAS** (www.flysas.com), Kurzstrecken fliegen beispielsweise **Norwegian Air Shuttle** (www.norwegian.com) oder **Widerøe** (www.wideroe.no).

Mietwagen und Carsharing

In allen größeren Städten und an den Flughäfen Norwegens werden Autos vermietet. Mitglieder des ADAC können über ihre Geschäftsstellen oder die ADAC Autovermietung reservieren, Tel. 089 76 76 20 99, adac.de/auto vermietung. **Benzin** wird als Bleifrei Super (Blyfri 95, ca. 2,20 €/l) und Diesel (ca. 2,39 €/l) verkauft. Tankstellen sind in der Regel von 7–22 Uhr, in Städten vereinzelt rund um die Uhr geöffnet

Zeitverschiebung

Zwischen Norwegen und Deutschland gibt es keinen Zeitunterschied.

Zollbestimmungen

Der Reisebedarf für den persönlichen Gebrauch ist zollfrei, muss aber wieder ausgeführt werden. Erlaubt sind ferner: 1 l Spirituosen sowie 3 l Wein und 2 l Bier oder 4,5 l Wein und 2 l Bier oder 6,5 l Bier (alkoholische Getränke dürfen nur von Pers. ab 18, Alkoholika über 22 % ab 20 Jahren eingeführt werden), in Kombination mit Tabakwaren gelten andere Mengen.
Tabak: 200 Zigaretten oder 250 g andere Tabakwaren und 200 Blatt Zigarettenpapier (Tabakwaren dürfen nur von Pers. ab 18 Jahren eingeführt werden). Pro Person ab 12 Jahren dürfen bis zu 10 kg Fleisch und Fleischwaren, Eier, Käse, andere Milchprodukte und Gemüse (aber keine Kartoffeln!) mitgeführt werden. Kinder unter 12 Jahren dürfen mit Ausnahme von Schokolade, Süßigkeiten und Erfrischungsgetränken keine Lebensmittel einführen. Insgesamt sind Waren bis zu einem Wert von 6000 NOK abgabenfrei. Genaue Angaben beim Zoll: www.toll.no

Die Geschichte Norwegens

Um 9000 v. Chr. Erste Besiedlungsspuren in Südnorwegen.

Ab 995 Der zum Christentum bekehrte König Olav Tryggvason zwingt die Bevölkerung zur Annahme des christlichen Glaubens.

Ab 1152 Thronfolgeauseinandersetzungen und bürgerkriegsartige Machtkämpfe zwischen Königtum, Kirche, Landadel und freien Bauern.

1397 In der Kalmarer Union werden Schweden, Dänemark und Norwegen unter dänischer Krone vereint. Mehr als die Hälfte der Bevölkerung fällt der Pest zum Opfer. Die Hanse dominiert den Handel an der norwegischen Küste.

1537 Die Reformation erreicht Norwegen, das Dänische wird als offizielle Sprache eingeführt.

1814 Im Kieler Frieden verliert Dänemark Norwegen an Schweden. Am 17. Mai wird in Eidsvoll eine Verfassung für Norwegen verabschiedet und die Selbstständigkeit erklärt. Norwegen endet jedoch in einer Union mit Schweden.

1905 Auflösung der Union mit Schweden. Der dänische Prinz Carl wird nach einer Volksabstimmung als Haakon VII. König von Norwegen.

1914–1918 Norwegen bleibt im Ersten Weltkrieg neutral.

9. April 1940 Die Wehrmacht greift Norwegen an und besetzt das Land. König und Kabinett fliehen nach England.

1949 Norwegen ist Gründungsmitglied der Nato.

1971 Beginn der kommerziellen Erdölbohrungen in der Nordsee, die Erlöse werden ab 1990 im Staatlichen Pensionsfonds angelegt.

1972 Norwegens Bevölkerung stimmt gegen eine EWG-Mitgliedschaft.

1989 Die Samen erhalten ein eigenes Parlament, das Sameting.

1991 Harald V. tritt die Thronfolge an.

1994 Olympische Winterspiele in Lillehammer. Bei einer Volksabstimmung entscheidet sich die Mehrheit gegen eine EU-Mitgliedschaft.

2001 Kronprinz Haakon heiratet die Bürgerliche Mette-Marit.

2011 Am 22. Juni tötet ein Rechtsextremist in Oslo acht Menschen mit einer Bombe und erschießt in einem Ferienlager auf der Insel Utøya 69 Menschen, fast alle der Opfer sind Jugendliche.

An den Olympischen Winterspielen in Lillehammer nehmen 67 Nationen teil

2019 Die norwegische Wirtschaft leidet unter dem niedrigen Ölpreis und den gravierenden Verschiebungen auf den weltweiten Energiemärkten.

2021 Bei den Parlamentswahlen wird die bürgerlich-konservative Regierung abgelöst von einer Minderheitsregierung unter Führung des neuen Ministerpräsidenten Jonas Gahr Støre von der Arbeiderpartiet.

2022 Im Juni 2022 wird das neue Nationalmuseum in Oslo eröffnet. Es ist das größte Museum Skandinaviens.

2023 Im August sorgen heftige Sommerniederschläge für Überschwemmungen und Erdrutsche.

Norwegisch für die Reise

Das Wichtigste in Kürze

Ja/Nein	*Ja/Nei*
Bitte/Danke	*Vær så snild/Takk*
Hallo!/ Auf Wiedersehen!	*Hallo!/På gjensyn!*
Guten Morgen!	*God morgen!*
Guten Tag!	*God dag!*
Guten Abend!	*God kveld!*
Gute Nacht!	*God natt!*
Mein Name ist ...	*Mitt navn e ...*
Entschuldigung!	*Unnskyld!*
Achtung!/Vorsicht!	*Pass på!/Vær forsiktig!*
Ich verstehe Sie nicht.	*Jeg forstår ikke.*
Wie viel kostet das?	*Hva koster det?*
Damen	*Damer/Kvinner*
Herren	*Herrer/Menn*
geöffnet/geschlossen	*åpen/lukket*
Wo ist ...?	*Hvor er ...?*
Wie weit ist das?	*Hvor langt er det? Er dette veien til ...?*
Ich möchte...	*Jeg vil gjerne ...*
Die Rechnung, bitte!	*Jeg vil gjerne ha regningen!*
Restaurant	*restaurant*
Auto	*bil*
Tankstelle	*bensinstasjonen*
bleifrei/Super/Diesel	*blyfri/super/diesel*
Panne	*uhell*
Hilfe!	*Hjelp!*
Fahrrad	*sykkel*
Hauptbahnhof	*jernbanestasjonen*
Busbahnhof	*busstasjonen*
Flughafen	*flyplassen*
Pass/Personalausweis	*pass/identitetskort*
Bank/Geldautomat	*banken/minibanken*
Arzt	*lege*
Apotheke	*apotek*
Lebensmittelgeschäft	*matvarebutikk*
Tourismusbüro	*turistkontoret*

Wochentage

Montag/Dienstag	*mandag/tirsdag*
Mittwoch/ Donnerstag	*onsdag/torsdag*
Freitag/Samstag	*fredag/lørdag*
Sonntag	*søndag*

Zahlen

1	*ett*	8	*åtte*
2	*to*	9	*ni*
3	*tre*	10	*ti*
4	*fire*	11	*elleve*
5	*fem*	12	*tolv*
6	*seks*	100	*ett hundre*
7	*sju*	1000	*ett tusen*

Monate

Januar/Februar	*januar/februar*
März/April	*mars/april*
Mai/Juni	*mai/juni*
Juli/August	*juli/august*
September/Oktober	*september/oktober*
November/ Dezember	*november/desember*

Hinweise zur Aussprache

In Norwegen spricht man die Sprachen Bokmål, Nynorsk und überwiegend in Lappland Samisch. In Städten und in der Region um den Oslofjord wird Bokmål gesprochen, während Nynorsk im Fjordgebiet Westnorwegens und in den Bergregionen des Inlands verwendet wird.
Dieser Sprachführer ist in Bokmål gehalten.

o	wie ›u‹, Bsp.: blod (Blut)
u	zwischen ›u‹ und ›ü‹, Bsp.: hus (Haus)
y	wie ›ü‹, Bsp.: by (Stadt)
æ	wie ›ä‹, Bsp.: hær (Heer)
ø	wie ›ö‹, Bsp.: død (tot)
å	wie ›o‹, Bsp.: gå (gehen)
au	zwischen ›ä‹ und ›ö‹, Bsp.: sau (Schaf)
ei	wie ›äj‹, Bsp.: vei (Weg)
øy	wie ›öj‹, Bsp.: høy(hoch)
hv, hj	wie ›f‹, ›j‹, ›h‹ bleibt stumm, Bsp.: hva (was)
k, kj	vor ›i, y, ei, øy‹ wie ›ch‹, Bsp.: skyld (Schuld)

Alle Blickpunkt-Themen in diesem Band:

Register

Bildnachweis

Titel: Hamnøy und Reine auf der Inselgruppe der Lofoten
Foto: **Getty Images:** Ratnakorn Piyasirisorost
Rücktitel: links: **Shutterstock.com** (V. Belov); rechts: **stock.adobe.com** (Vaa Eriksen Photo)

Adobe Stock: maxthewildcat 2/3; Sergey Bogomyako 3.1; **gemeinfrei:** 136 – **Getty Images:** Pawel Toczynski 3.2 – **Huber Images:** 7.2; Rainer Mirau 10.1; Roberto Moiola 14/15; Hans-Peter Merten 26; Günter Gräfenhain 63, 116, Christian Bäck 66 – **Interfoto:** Bernd Ritschel 45 – **Kirkenes Snowhotel** 120 – **laif:** Gerald Haenel 94/95; Douglas Pearson/robertharding 102 – **look-foto:** age fotostock 13.1; robertharding 53; Christian Bäck 69; ClickAlps 107; Design Pics 144.1 – **mauritius images:** Alamy 2.1, 4.1; Udo Bernhart 17.1, 42, 84; robertharding/David Lomax 33; Lucas Vallecillos/Alamy 34; imageBROKER/Gerhard Zwerger-Schoner 39; Kuttig – **Travel/Alamy:** ARCTIC IMAGES/Alamy 75; BY 83 – **Schapowalow:** Luigi Vaccarella/SIME 93.1 – **Seasons Agency:** Jalag/Stephan Göttlicher 11.1; Gräfe & Unzer Verlag/Klaus-Maria Einwanger 61 – **Shutterstock.com:** V. Belov 4.2, 12.3, 128; Paul D Smith 9; Jan-Dirk Hansen 11.3; Anibal Trejo 11.2, 12.1; kovop58 17.2; Nanisimova 23, 24; yunusirak 27; Dmitry Chulov 32; PHB.cz (Richard Semik) 41; balipadma 47.2; Tupungato 54; Sergey_Bogomyako 57/58; Alexander A.Trofimov 77.3; Lukas Bischoff Photograph 78; Jan Miko 89; Jelena Safronova 98; Federica Violin 104; Mikhail Varentsov 108/109; wcpmedia 131; Rob Kints 144.2 – **stock.adobe.com:** 47.1, nanisimova 6/7, 29; Sergii Figurnyi 8; oleg_mj 13.2; joangil 13.3; A.Jedynak 18/19; Inger 48/49; Voyagerix 68; Bastian Linder 77.1; hwtravel 77.2; Anibal Trejo 93.2; Dagmar Richardt 93.3; rogeluft 113; Andrey Armyagov 124; Benshot 127

Markenlizenz der ADAC Medien und Reise GmbH, München

ISBN 978-3-98645-095-3

1. Auflage 2024

Autor: Christian Nowak

Redaktion: Juliane Helf, Susanne Kronester-Ritter

Lektorat: Beate Martin

Satz: Ewald Tange, tangemedia, München
Bildredaktion: Dr. Nafsika Mylona

Reihengestaltung: Eva Stadler, München; Independent Medien Design, Horst Moser, München

Kartografie: Kunth Verlag GmbH Co. KG, München, Huber Kartographie GmbH, www.kartographie.de

Herstellung: Felix Robitsch, Mendy Willerich

Druck und Bindung: Drukarnia Dimograf Sp z o.o. (Polen)

GRÄFE UND UNZER

Ein Unternehmen der
GANSKE VERLAGSGRUPPE

Wichtiger Hinweis
Die Daten und Fakten für dieses Werk wurden mit äußerster Sorgfalt recherchiert und geprüft. Wir weisen jedoch darauf hin, dass diese Angaben häufig Veränderungen unterworfen sind und inhaltliche Fehler oder Auslassungen nicht völlig auszuschließen sind. Für eventuelle Fehler oder Auslassungen können Gräfe und Unzer, die ADAC Medien und Reise GmbH sowie deren Mitarbeiter und die Autoren keinerlei Verpflichtung und Haftung übernehmen. Alle Inhalte im Buch wenden sich an und gelten für alle Geschlechter (w/m/d). Soweit grammatikalisch männliche, weibliche oder neutrale Personenbezeichnungen verwendet werden, dient dies allein der besseren Lesbarkeit.

Ansprechpartner für den Anzeigenverkauf:
KV Kommunalverlag GmbH & Co. KG,
MediaCenter München,
Tel. 089/928 09 60

Bei Interesse an maßgeschneiderten B2B-Produkten:
b2b-kontakt@graefe-und-unzer.de

Leserservice
GRÄFE UND UNZER Verlag
Grillparzerstraße 12
81675 München
www.graefe-und-unzer.de

Umwelthinweis
Nachhaltigkeit ist uns sehr wichtig. Der Rohstoff Papier ist in der Buchproduktion hierfür von entscheidender Bedeutung. Daher ist dieses Buch auf PEFC-zertifiziertem Papier gedruckt. PEFC garantiert, dass ökologische, soziale und ökonomische Aspekte in der Verarbeitungskette unabhängig überwacht werden und lückenlos nachvollziehbar sind.

Unterwegs in Norwegen

Wandern

In Norwegen sollten Sie unbedingt die Wanderschuhe schnüren. Die beliebteste Tour für Wanderer mit guter Kondition ist der Beseggengrat im Jotunheimen, dem höchsten Gebirge des Landes. Vom Gipfel eröffnet sich ein Panorama der Extraklasse einschließlich des tiefgrünen Gjende-Sees.

■ Siehe auch S. 80

Abtauchen

Schnorcheln in warmen Gewässern kennt fast jeder, doch es geht auch im kalten Wasser vor den Lofoten – geschützt durch einen Neoprenanzug. Sie werden erstaunt sein über die vielfältige Flora und Fauna.

■ www.lofoten-diving.com

Fahrrad

Entlang der Bahnlinie Oslo-Bergen führt der »rallarvegen« hinauf auf die Hochebene Hardangervidda und nach Finse, zum höchstgelegenen Bahnhof Norwegens. Sehr spektakulär ist auch die Weiterfahrt hinunter nach Flåm am Sognefjord.

■ Siehe auch S. 64

Schiff

Der Telemark-Kanal verbindet die beiden Orte Skien und Dalen, unterwegs sind 18 Schleusen zu passieren. An Bord der Veteranenschiffe können Sie sich verwöhnen lassen und die Provinz Telemark im Zeitlupentempo vorbeiziehen sehen.

■ www.visittelemark.com

Skifahren

Norwegen ist ein Winterwunderland, und nicht ganz zu Unrecht wird behauptet, dass die Norweger schon mit Skiern zur Welt kommen. Am Galdhøppigen im Jontunheimen-Gebirge kann man sogar im Sommer einen 1500 m langen Hang hinunterwedeln oder den Telemarkschwung üben.

■ www.gpss.no